D1254999

micro-ondes

Les viandes et leurs sauces

Jehane Benoit

Encyclopédie de la cuisine au four à

Les viandes et leurs sauces

Héritage+plus

SOUS
LA DIRECTION
DE
RENÉ BONENFANT

Données de catalogage avant publication (Canada)

Benoit, Jehane, 1904-
  Les viandes et leurs sauces

(Encyclopédie de la cuisine au four à micro-ondes)
(Héritage+plus)
Publié aussi en anglais sous le titre: Meats and
  sauces.
Comprend un index.
ISBN 2-7625-5802-6

1. Cuisine au four à micro-ondes. 2. Cuisine
(Viande). 3. Sauces. I. Titre. II. Collection.
III. Collection: Héritage+plus.

TX832.B453 1985   641.5'882   C85-090170-7

Diffuseur pour la France et la Suisse :
CQFDI
12 Ter rue de Lagny
77400 Saint-Thibault des Vignes

Diffuseur pour la Belgique :
Vander S.A. Éditeur
321 avenue des Volontaires
B-1150 Bruxelles
Tél.: 02/762 06 62

Première photo recto : Casserole campagnarde (p. 65)
          verso en haut : Pain de viande de Monique (p. 40)
          en bas : Stéfatho grec (p. 33)

Dernière photo recto : Tranche de jambon glacée à l'orange (p. 85)
          verso en haut : Saucisses, oeufs brouillés et pommes de terre dorées (p. 86)
          en bas : Rôti de porc à la choucroute (p. 74)

Conception graphique de la couverture : Philippe Bouvry, graphiste, designer
Photos couverture et intérieures: Paul Casavant
Conception et recherche : Marie-Christine Payette
La vaisselle a été prêtée gracieusement par : Eaton, centre-ville, Montréal
  et Le Curio, Mail Montenach, Beloeil.

Dépôts légaux : 1er trimestre 1985
Bibliothèque nationale du Québec
Bibliothèque nationale du Canada

ISBN : 2-7625-5802-6   Imprimé au Canada

LES ÉDITIONS HÉRITAGE INC.
300, Arran, Saint-Lambert, Québec J4R 1K5
(514) 672-6710

Table des matières

Introduction aux mesures métriques

Millilitre (mL) : pour remplacer l'once fluide	250 mL est l'équivalent d'une tasse de 8 onces
Litre (L) : pour remplacer la pinte	15 mL est l'équivalent de 1 c. à soupe
Gramme (g) : pour remplacer l'once	5 mL est l'équivalent de 1 c. à thé
Kilogramme (kg) : pour remplacer la livre	1 kg est un peu plus de 2 livres
Degrés Celsius (°C) : pour remplacer les degrés Fahrenheit	500 g sont un peu plus de 1 livre
Centimètre (cm) : pour remplacer le pouce	100°C est le point d'ébullition de l'eau
	5 cm est environ 2 pouces

Équivalences des mesures les plus utilisées en cuisine

C. à thé
1/4 de c. à thé .... 1 mL
1/2 c. à thé .... 2 mL
1 c. à thé................. 5 mL
2 c. à thé.....................10 mL

C. à soupe
1 c. à soupe.....................15 mL
2 c. à soupe.....................30 mL
3 c. à soupe.....................50 mL
4 c. à soupe.....................60 mL
2 à 3 c. à soupe .... 30 à 50 mL
4 à 6 c. à soupe .... 60 à 90 mL

Tasse
1/4 de tasse ....60 mL
1/3 de tasse ....80 mL
1/2 tasse .... 125 mL
3/4 de tasse .... 190 mL
1 tasse .... 250 mL
1¼ tasse .... 315 mL
1⅓ tasse .... 330 mL
1½ tasse .... 375 mL
2 tasses .... 500 mL
3 tasses .... 750 mL
4 tasses ....1 L
5 tasses ....1,25 L
6 tasses ....1,5 L

Températures
150° F................................65° C
200° F................................95° C
250° F............................ 120° C
300° F............................ 150° C
350° F............................ 180° C
400° F............................ 200° C
425° F............................ 225° C
450° F............................ 230° C
500° F............................ 260° C

Équivalences des mesures françaises et des mesures canadiennes

Pour les personnes qui désirent utiliser un livre de recettes français, les données suivantes seront sans doute utiles.

CAFÉ, FARINE ET POUDRE
3 grammes ....1 c. à thé
9 grammes ....1 c. à soupe

JUS DE FRUITS, PURÉE
5 grammes ....1 c. à thé
15 grammes ....1 c. à soupe

POUR TOUS LES LIQUIDES
1/2 centilitre ....1 c. à thé
1 centilitre....................2 c. à thé
1½ centilitre ....1 c. à soupe
1/2 décilitre ..... 3 c. à soupe et 1 c. à thé
1 décilitre........ 6 c. à soupe et 2 c. à thé
2 décilitres .....13 c. à soupe et 1 c. à thé
2½ décilitres .... 15 c. à soupe ou 1 tasse
3 décilitres .... 20 c. à soupe
4 décilitres .... 26 c. à soupe
4½ décilitres ... 30 c. à soupe ou 2 tasses
1 litre .... 4½ tasses

MESURES LIQUIDES
1⅛ litre................. 1 pinte ou 40 onces
550 centimètres cubes ....1 chopine
275 centimètres cubes ....1 demiard
(1 décilitre = 100 centimètres cubes)

MESURES SOLIDES
29 grammes ....1 once
455 grammes ....1 livre
1000 grammes
(ou 1 kilogramme).............2⅕ livres

MESURES LINÉAIRES
2½ centimètres..................... 1 pouce
30 centimètres .... 1 pied (12 pouces)
90 centimètres .... 1 verge (36 pouces)

Avant-propos

Connaissez bien la terminologie propre aux micro-ondes
Il y a sur le marché de nombreuses marques de fours à micro-ondes. Voilà pourquoi il importe de bien connaître le vocabulaire propre à cette technologie. Lisez les observations suivantes et faites-en votre profit; la cuisine aux micro-ondes vous apparaîtra alors claire et facile.

« High » ou intensité élevée
Cela signifie un cycle ininterrompu à puissance maximale, quelle que soit la marque de votre four.
Les recettes de chacun des volumes de cette encyclopédie furent préparées pour la cuisson au four à micro-ondes d'une puissance de 650-700 watts.
Si la puissance de votre four est inférieure, il vous faut augmenter légèrement la durée de cuisson comme l'indique le tableau suivant.

650-700W	500-600W	400-500W
15 secondes	18 secondes	21 secondes
30 secondes	36 secondes	42 secondes
45 secondes	54 secondes	1 minute
1 minute	1 min 10 s	1 min 25 s
2 minutes	2 min 30 s	2 min 45 s
3 minutes	3 min 30 s	4 minutes
4 minutes	4 min 45 s	5 min 30 s
5 minutes	6 minutes	7 minutes
6 minutes	7 min 15 s	8 min 25 s
7 minutes	8 min 25 s	9 min 45 s
8 minutes	9 min 30 s	11 minutes
9 minutes	10 min 45 s	12 min 30 s
10 minutes	12 minutes	14 minutes
15 minutes	18 minutes	20 minutes
20 minutes	24 minutes	27 minutes
25 minutes	30 minutes	34 minutes
30 minutes	36 minutes	41 minutes

En consultant ce tableau, vous serez en mesure de juger de la durée de cuisson requise pour tout aliment cuit dans un four à micro-ondes dont la puissance en watts correspond à l'une des données ci-haut.
Il est toujours sage, cependant, quelle que soit la puissance en watts, de vérifier la cuisson 2 minutes avant la fin de la période de cuisson. Cela, bien entendu, ne s'applique que lorsque la durée de cuisson est supérieure à 2 minutes.

Laisser reposer
Cette expression « laisser reposer... minutes, la cuisson terminée » se retrouve dans bien des recettes. Comme le procédé de cuisson aux micro-ondes consiste foncièrement en une vibration intense de molécules, la cuisson des aliments continue par conduction même une fois que l'énergie des micro-ondes est arrêtée. C'est aussi un peu ce qui se produit lorsque les aliments sont cuits pendant une durée x dans un four conventionnel et qu'ils sont laissés en attente. Dans le four à micro-ondes, la période d'attente permet aux molécules de se poser. C'est comme une balle qui rebondit et qui petit à petit vient à s'arrêter et à se poser.

Lorsque dans une recette on lit : « laisser reposer x minutes, remuer et servir », c'est précisément ce qu'il faut faire.

Comment retourner le plat (« Rotate »)

Si votre four est muni d'un plateau rotatif ou d'un système spécial comme le « Rotaflow », ou pour le four qui se place au-dessus de la cuisinière d'un plateau rotatif dérobé qui remplit la même fonction, alors vous n'avez pas à retourner le plat de cuisson. Sinon, donner un quart de tour au plat une fois ou deux durant la cuisson.

Plats et ustensiles qui vont au four à micro-ondes

Les plats et ustensiles qui se prêtent à la cuisson au four à micro-ondes sont : pyrex, Corning, Micro-Dur, caquelons, etc.

Utilisation d'une claie (« Elevate »)

Ceci s'applique surtout à la cuisson des viandes. Il s'agit de placer le rôti ou le poulet, etc., sur une claie ou une soucoupe renversée, ce qui permet au jus de cuisson de s'écouler de la viande.

Après la cuisson d'un rôti au four à micro-ondes, laisser la viande tiédir un moment sur la claie afin que l'air environnant la refroidisse uniformément.

De même, lorsque vous avez fait cuire des muffins ou des petits gâteaux, laisser tiédir sur la claie au moins dix minutes, afin que l'air environnant les refroidisse uniformément.

Intensité variable

Ceci décrit le choix des niveaux d'intensité vous permettant de préparer au four à micro-ondes certains aliments qui normalement seraient trop sensibles à une activité continue de micro-ondes. Il importe de bien comprendre ce processus: il s'agit effectivement d'un cycle « marche/arrêt » réglé pour l'émission de quantités diverses d'énergie de micro-ondes; cette action pulsative crée une activité de cuisson réduite, sans que vous ayez à vous en inquiéter. Si l'on suggère une cuisson à demi-intensité, sachez que c'est l'équivalent de « Medium-Low », ce qui est un mijotage continu.

Les premiers fours à micro-ondes n'étaient munis que des cycles « Cook » et « Defrost ». Certaines personnes ont encore de ces fours, alors il leur faut se rappeler que le mijotage se fait au cycle « Defrost »; il en va de même toutes les fois que l'on conseille la demi-intensité ou « Medium ». Pour toute autre cuisson, utiliser le cycle « Cook » et prolonger la durée de cuisson de quelques minutes.

Sonde thermométrique

C'est un dispositif ressemblant à un thermomètre qui sert à mesurer la chaleur des aliments durant la cuisson aux micro-ondes. N'utiliser que la « sonde » conçue pour votre four. Elle est idéale pour la cuisson d'un rôti, si vous procédez en insérant la sonde dans la viande, et en la branchant au four, puis en choisissant le numéro correspondant à la cuisson désirée. Par exemple, pour un rôti saignant ou bien cuit, se reporter au tableau du temps de cuisson du four et appuyer sur la touche recommandée dans le tableau; alors la cuisson commence et le degré de température requis pour faire cuire la viande à votre goût vous sera automatiquement indiqué à un moment donné. Vous n'avez jamais à vous préoccuper de la durée de cuisson, votre four s'en charge, et à la perfection. Préparer le rôti selon la recette de votre choix.

Note : Ne jamais utiliser de thermomètre à viande conventionnel dans un four à micro-ondes.

Il y a plusieurs autres modes de cuisson au four à micro-ondes, il faut donc toujours bien vous conformer à votre manuel d'instructions et bientôt tout vous sera facile.

Introduction

À travers les âges, la préparation des aliments, leur cuisson, le service de la table, les heures disponibles pour accomplir ces tâches ont subi de multiples transformations. Quel chemin parcouru depuis le poêle à bois, qui en somme faisait partie de la vie quotidienne, même dans les années 1915 et 1920 ! Et puis, tout changea : ce fut la cuisson au gaz, à l'électricité, qui amena de nouvelles casseroles, de nouvelles méthodes, une économie de temps, moins de nettoyage, et tout de même aussi des cuisinières blanches et élégantes.

Eh bien, voilà un autre grand pas, qui change et changera beaucoup de choses... les fours à micro-ondes. On achète un four, on le met dans la voiture; à la maison il est placé sur un comptoir, branché à une prise de courant, et le voilà prêt à opérer; il est facile pour tous de cuisiner leurs plats favoris, et pour le mari, et pour les enfants, et pour la maman.

Personnellement, j'ai d'abord connu le four à bois, et je n'ai jamais oublié les grandes tranches de pain maison grillées sur les ronds du poêle, dégustées avec du beurre frais battu, de la confiture maison et du café au lait non écrémé; un délice, oui, mais le pauvre foie en prenait un coup. Et puis, il y avait quelqu'un pour allumer le poêle à 5 heures du matin et retirer les cendres le soir, et une cuisinière qui séparait le lait, qui battait le beurre, et qui l'été passait des heures à faire de merveilleuses confitures. Alors vint le four à gaz avec son compteur à pièces de 0,25¢ — si on les oubliait le gaz s'éteignait ! Mais la vie était tellement plus simple qu'avec le poêle à bois. Un jour on nous présenta la cuisinière électrique... c'était le miracle ! Mais, en somme, on n'avait encore rien vu.

Aujourd'hui, la technologie moderne nous a apporté le confort, l'aisance de travail, la perfection de cuisson, la possibilité de conserver la vraie saveur d'un aliment, la diminution incroyable des heures de travail et la possibilité pour chaque membre de la famille de cuisiner son repas, ce qui donne une grande liberté, même à la maman qui travaille. Ce fut ma propre expérience : je cuisine plus que jamais, et pourtant je n'ai jamais passé si peu d'heures à la cuisine. Après treize ans d'expérience avec les fours à micro-ondes, je ne saurais m'en passer. J'ai appris qu'on ne savait pas ce qu'était la saveur parfaite d'un légume ou d'un poisson, avant de cuisiner aux micro-ondes. Et je vous assure qu'il ne s'agit pas d'apprendre à faire toute une cuisine nouvelle, mais tout simplement d'adapter la vôtre au four à micro-ondes.

Comme souvent au fil des années on m'a dit : « Je n'aurais pas la patience de changer toutes mes recettes », je me suis décidée à écrire cette Encyclopédie de la cuisine aux micro-ondes, pour que vous vous rendiez compte de la facilité de cette méthode de cuisson une fois qu'on l'a comprise.

Que vous soyez une petite famille où chacun travaille à l'extérieur ou une grande famille qui consomme de plus importantes quantités d'aliments, vous tirerez profit de cette méthode de cuisson très facile à apprendre.

Importance de bien connaître son four

Il y a plus d'un modèle de four à micro-ondes; d'ailleurs certains fabricants en offrent plusieurs types. Il est donc très important de vous familiariser avec votre four et de bien connaître et comprendre toutes ses possibilités.

Que faut-il faire ?

- Une fois le four branché, y placer un bol d'eau, fermer la porte, et tout en lisant le manuel d'instructions, exécuter chaque opération recommandée.

Exemple : Cuire à « High » 2 minutes.

Cherchez le bouton « High » et programmez; regardez ensuite où est la touche « Start », effleurez-la pour mettre votre four en marche. Vous aurez alors bien compris ce qu'il faut faire pour ce genre d'opération.

Passez ainsi en revue tous les détails concernant le fonctionnement de votre four, et vous remarquerez bien vite comme il est facile de vous en servir, et surtout, vous comprendrez bien toutes les possibilités de votre four.

La teneur en eau des aliments

(1) La teneur en eau des aliments :
   plus elle est importante : plus la période de cuisson est rapide et courte — exemple, les épinards;
   plus elle est réduite : plus la période de cuisson est lente et longue — exemple, les carottes.
(2) La quantité de liquide ajoutée aux aliments :
   plus elle est grande, plus longue est la période de cuisson.
(3) La densité de la denrée :
   poreuse = plus la cuisson est rapide : tomates, épinards, champignons, etc.
   plus dense = plus la cuisson est longue : pois, lentilles, etc.
(4) La température ambiante est la température idéale pour commencer la cuisson :
   température plus chaude (température ambiante) : cuisson plus rapide.
   température plus froide (au sortir du réfrigérateur ou après décongélation) : cuisson plus longue.
(5) La structure des aliments :
   morceaux plus petits : cuisson plus rapide; exemple, une petite pomme de terre.
   morceaux plus gros : cuisson plus lente; exemple, une grosse pomme de terre.
(6) On couvre souvent les aliments durant la cuisson pour éviter que leur humidité naturelle ne s'évapore.
(7) La teneur en sucre détermine le degré de chaleur produit :
   plus il y a de sucre, plus intense est la chaleur et plus courte est la période de cuisson; exemple, sirop, caramel, etc.
(8) Plus les aliments sont gras, plus vite ils cuisent.
(9) La disposition des aliments joue aussi un rôle : 4 à 5 pommes de terre disposées en cercle cuisent plus vite que simplement mises dans le four.

Teneur en eau, addition d'eau, densité, épaisseur, structure, couvercles, teneur en sucre, teneur en gras, disposition des aliments, accessoires appropriés : voilà les mots-clés de la cuisson, sans oublier le temps de cuisson, le poids des aliments et la température de cuisson.

Comment cuisent les aliments aux micro-ondes

Les micro-ondes représentent une forme d'énergie à haute fréquence semblable à celle utilisée pour la radio (AM, FM et CB). Les micro-ondes sont émises par un tube magnétron générateur de micro-ondes et mesurent de 10 à 15 cm (4 à 6 pouces), leur diamètre est d'environ 6 mm (1/4 de pouce). Dans le four l'énergie des micro-ondes est **réfléchie, transmise** et **absorbée**.

Réflexion
Les micro-ondes sont réfléchies par le métal, tout comme un ballon rebondit sur un mur. Voilà pourquoi l'intérieur du four est en métal recouvert d'époxy. La combinaison de pièces métalliques fixes (parois) et de pièces métalliques mobiles (plateau rotatif ou éventail) contribue à la bonne répartition des micro-ondes, pour une cuisson uniforme.

Transmission
Les micro-ondes traversent certains matériaux, tels que le papier, le verre et le plastique, tout comme les rayons du soleil passent à travers la vitre. Du fait que ces substances n'absorbent ni ne réfléchissent les micro-ondes, ces dernières ne subissent aucune modification de parcours. C'est pourquoi ces matériaux conviennent parfaitement à la cuisson aux micro-ondes.

Absorption
Les micro-ondes pénètrent les aliments d'environ 2 cm à 4 cm (3/4 po à 1½ po) sur toute leur surface et sont absorbées. Lorsqu'elles entrent en contact avec l'humidité, le gras ou le sucre, elles provoquent la vibration des molécules de ces substances. Cette vibration qui se répète 2 450 000 000 fois par seconde entraîne la friction des molécules qui, à son tour, produit la chaleur nécessaire à la cuisson des aliments. (Pour comprendre facilement ce phénomène frottez-vous les mains l'une contre l'autre.) Ensuite, la

cuisson interne se poursuit par conduction vers le centre. La **chaleur** ainsi produite parvient jusqu'au centre de l'aliment.

La cuisson continue par conduction durant la période d'attente, ce qui permet de conserver la chaleur de l'aliment cuit de 4 à 10 minutes, après la cuisson, mais également de cuire 3 à 4 plats avec un seul four, et de tout servir bien chaud.

Exemple : Si votre menu comporte un rôti, des pommes de terre et des petits pois, cuire le rôti d'abord. Pendant sa période d'attente, cuire les pommes de terre : elles resteront chaudes de 20 à 30 minutes si elles sont recouvertes d'un linge. Cuire ensuite le légume qui a la cuisson plus courte.

Le dessert peut être cuit avant la viande, ou s'il doit être servi chaud, le cuire pendant le repas et le laisser en attente dans le four, puisque au son de la cloche le four s'éteint et qu'il n'y a aucun inconvénient à y laisser l'aliment jusqu'au moment de le servir.

Ustensiles de cuisson

La cuisson aux micro-ondes permet de trouver de nouvelles possibilités pratiques et diverses, à divers ustensiles. De nouveaux accessoires pour fours à micro-ondes ne cessent d'être lancés sur le marché, mais ne vous sentez pas obligé d'acheter un nouvel équipement. Vous serez surpris de la quantité d'ustensiles que vous pouvez utiliser dans un four à micro-ondes, et que la plupart du temps vous avez déjà dans votre cuisine.

Verre, céramique et porcelaine

La plupart de ces ustensiles sont tout désignés. D'ailleurs, de nombreux fabricants identifient à présent les plats allant au four à micro-ondes. Tous les verres résistant à la chaleur, à moins qu'ils ne portent des décorations de métal, peuvent presque toujours être utilisés. Toutefois, soyez prudent si vous utilisez des verres délicats, car ils peuvent se fêler, non pas à cause des micro-ondes, mais de la chaleur que leur transmettent les aliments.

Voici quelques-uns des ustensiles de cuisine à l'épreuve de la chaleur que je considère indispensables pour la cuisson aux micro-ondes. Il ne fait aucun doute que vous possédez plusieurs de ces articles:
- tasse à mesurer en verre
- ramequins
- bols à mélanger
- terrines
- faitout
- plats ovales allant au four, non métalliques
- plats à gâteau, ronds, carrés, longs, en verre, pyrex, plastique, Micro-Dur
- assiettes à tarte en plastique, verre ou céramique
- grands bols de 8 à 10 tasses (2 à 2,5 L) avec couvercles

Plat à griller (Corning)

Le plat à griller est disponible en deux grandeurs :
8 sur 8 sur 2 pouces (21 sur 21 sur 5 cm) — 6 tasses (1,5 L)
9,5 sur 9,5 sur 2 pouces (24 sur 24 sur 5 cm) — 10 tasses (2,5 L)
Une assiette à griller est aussi disponible : 8 sur 8 pouces (21 x 21 cm)
Le dessous du plat à griller est enduit d'une couche diélectrique spéciale. Pour produire son effet, le plat à griller doit être préchauffé au four à micro-ondes à « High », non couvert, durant 7 minutes au plus pour le petit plat et 9 minutes pour le plus grand ou pour l'assiette. Il ne faut pas retirer le plat du four lorsqu'il a été préchauffé, mais simplement y déposer l'aliment préparé et presser sur le dessus avec une fourchette pour établir le contact avec le fond du plat. Si la recette demande de l'huile ou du beurre ou autre gras, l'ajouter après le préchauffage. Faire griller l'aliment de 5 à 7 minutes ou selon les données de la recette. Vous serez étonné du beau doré ainsi obtenu. Retourner l'aliment et le laisser reposer au four dans le plat le même temps que celui de la cuisson, sans chauffer, ce qui l'assécherait. Servir.
Le plat à griller est un accessoire très pratique à usages multiples : pour faire dorer les biftecks, côtelettes, etc., faire frire à la chinoise, faire une omelette, faire réchauffer une pizza, faire griller un sandwich, et bien davantage.

Ce plat ne sert pas uniquement à faire griller les aliments. Il peut être utilisé comme tous les ustensiles réguliers pour micro-ondes. Sans préchauffage, la base ne chauffe pas et le plat sert à faire cuire les légumes, les desserts, les poissons, les plats en casserole, etc. À cet usage, le couvercle sert davantage. Le plat à griller doit être utilisé exclusivement dans le four à micro-ondes, non pas dans le four conventionnel (les grilles du four pourraient égratigner l'enduit), non plus que sur le dessus de la cuisinière, la couche diélectrique pourrait être endommagée.

La sonde thermométrique ne doit pas être utilisée avec le plat à griller.

Sacs de cuisson

Les sacs de cuisson conçus pour faire bouillir ou surgeler des aliments, ou pour la cuisson conventionnelle peuvent être utilisés dans un four à micro-ondes. Percez six petites fentes au sommet du sac pour permettre à la vapeur de s'échapper. Lorsque vous utilisez des attaches métalliques pour les fermer, assurez-vous que leurs extrémités sont bien enroulées. Si elles ne le sont pas, elles pourront servir d'antennes et il y aura amorce d'étincelle. Le cas échéant, le sac risque de fondre. Il est préférable d'utiliser une ficelle ou une attache en plastique pour fermer le sac. NE PAS FAIRE CUIRE D'ALIMENTS DANS DES SACS DE PAPIER BRUN OU BLANC.

Feuilles de polyéthylène

Les feuilles de polyéthylène tels le « Saran Wrap » ou tout autre papier de matière plastique peuvent servir à couvrir les plats dans la plupart des recettes. Toutefois, une déformation de l'emballage peut survenir en cours de cuisson prolongée. Lorsque vous utilisez ce genre de matériau pour couvrir des aliments mijotés, repliez-en une partie afin de permettre à la vapeur de s'échapper. En enlevant vos couvercles de matière plastique, de même que tout autre couvercle de verre, prenez soin de les tenir à distance pour ne pas vous brûler avec la vapeur. Après la cuisson, relâchez le papier de plastique mais laissez le contenant couvert durant la période d'attente. Remarquez qu'il n'est pas toujours nécessaire de couvrir les aliments.

Dans la cuisson par « auto-senseur », il faut mettre un pouce (2,5 cm) d'eau au fond du plat et le couvrir d'une feuille de polyéthylène. En faisant usage du plat en plastique « Micro-Dur », il n'est pas nécessaire d'utiliser une feuille de polyéthylène car ce plat possède un couvercle qui empêche la vapeur de s'échapper.

Papier d'aluminium

La feuille d'aluminium est d'utilisation sûre lorsque certaines précautions sont prises. Étant donné que le métal réfléchit les micro-ondes, l'aluminium peut être avantageusement utilisé dans certains cas. En effet, utilisé en petite quantité, il permet de ralentir la cuisson de certaines parties d'aliment, par exemple les bouts des ailes et des cuisses de poulet, ainsi que les extrémités d'un rôti.

Utilisé pour ralentir ou réfléchir les micro-ondes, il évite la surcuisson.

Les bandes de papier d'aluminium couvrant les extrémités d'un rôti ou les bouts des ailes et des cuisses de poulet peuvent être retirées à mi-cuisson.

Caractéristiques des aliments

Les caractéristiques des aliments qui affectent la cuisson conventionnelle ont un effet accru lors de la cuisson aux micro-ondes.

Dimensions et quantités

Au four à micro-ondes, la cuisson est plus rapide qu'au gaz ou à l'électricité, aussi la forme et le poids d'un aliment jouent-ils un rôle important dans le temps de cuisson.

Forme

Les aliments de même épaisseur cuisent plus uniformément. Compensez les différences d'épaisseur des aliments en plaçant les parties minces au centre et les plus épaisses vers l'extérieur.

Os et matières grasses

Les deux affectent la cuisson. Les os conduisent la chaleur et font cuire plus rapidement la viande avoisinante*. Les matières grasses absorbent plus rapidement les micro-ondes et risquent de provoquer une surcuisson des viandes.

Consultez le paragraphe Papier d'aluminium.

Température de départ
Il est évident que les aliments laissés à la température de la pièce prennent moins de temps à cuire que ceux qui sortent du réfrigérateur ou du congélateur.

Disposition des aliments
Les aliments, tels les pommes de terre et les hors-d'oeuvre, cuiront plus uniformément si vous les placez à une distance égale les uns des autres. Disposez-les en cercle dans la mesure du possible.
De même, lorsque vous disposez les aliments dans un plat de cuisson, éloignez-les du centre. Les aliments ne doivent pas être empilés les uns sur les autres.

Mélange
Habituellement, il est souvent nécessaire de remuer les aliments durant la cuisson. Les recettes indiquent la fréquence à laquelle il faut les remuer.
Exemple : Ramenez les parties plus cuites vers le centre. Quelques aliments doivent être retournés dans le plat durant la cuisson.

Attente
La plupart des aliments continuent à cuire par conduction après l'arrêt de l'émission des micro-ondes. Pour les viandes, la température interne s'élève de 5°F à 15°F si l'aliment est couvert pendant 10 à 20 minutes avant le service. La durée d'attente est plus courte pour les fricassées et les légumes mais elle est nécessaire pour compléter la cuisson au centre sans que l'extérieur soit trop cuit.

Réglage de l'intensité
Certains fours à micro-ondes comportent plusieurs niveaux d'intensité : cuisson élevés, moyennement élevée, moyenne, moyennement faible, faible, décongélation, réchauffage et mise en contact différée/attente.
La plupart des aliments peuvent être cuits à intensité élevée (intensité maximale). Toutefois, d'autres, le lait par exemple, gagnent à être cuits plus lentement à intensité réduite. Ces nombreux réglages ajoutent donc à la précision du four.

IMPORTANT

Les recettes de ce livre ont été testées pour la cuisson au four à micro-ondes de 650 — 700 watts.

Les fours d'une consommation en watts inférieure pourraient nécessiter un ajustement du temps de cuisson. (consultez le tableau à la page 9.)

Les recettes, en général, donneront 6 portions moyennes ou 4 grosses portions.

Tableau des niveaux d'intensité

	Intensité	Puissance	Usage
« High »	Élevée	100 % . . . . (700 W)	Bouillir l'eau Brunir la viande hachée Cuire fruits et légumes frais Cuire le poisson Cuire du poulet (jusqu'à 3 lb [1,5 kg]) Réchauffer des boissons ne contenant pas de lait Cuire des bonbons Préchauffage du plat à griller (accessoires)
« Medium High »	Moyennement élevée	90 % . . . . (605 W)	Réchauffer les aliments surgelés (ne contenant ni oeufs ni fromage) Réchauffer les conserves Réchauffer les restes Réchauffer les purées pour bébé
« Medium »	Moyenne	70 % . . . . (490 W)	Cuire les gâteaux Cuire les viandes Cuire les crustacés Préparer les aliments délicats (oeufs, etc.)
« Medium Low »	Moyennement faible	50 % . . . . (360 W)	Cuire les crèmes Fondre le beurre et le chocolat Préparer le riz
« Low »	Faible	27 % . . . . (200 W)	Cuire les viandes moins tendres Mijoter les ragoûts et les soupes Ramollir le beurre et le fromage
« Reheat »	Réchauffage	10 % . . . . (70 W)	Conserver les aliments à la température de service Faire lever la pâte à pain Ramollir la crème glacée
« Defrost »	Décongélation	35 % . . . . (245 W)	Toute décongélation (Consultez les tables de décongélation de votre four)
« Start »	Mise en contact	0 % . . . . (0 W)	

IMPI — International Microwave Power Institute — est une institution internationale qui collige et dispense les données concernant les micro-ondes dans le monde entier pour les cuisines, les hôpitaux, etc.
IMPI a fixé les normes qui ont été adoptées pour la désignation des niveaux d'intensité des fours à micro-ondes — HIGH, MEDIUM HIGH, MEDIUM, MEDIUM LOW, LOW, REHEAT, DEFROST, START, et qui doivent être observées dans le monde entier.

Rôti de boeuf (p. 27) –

Les innovations technologiques des fours à micro-ondes valent que nous les étudiions et que nous les utilisions, car elles nous facilitent sans cesse la tâche. Il est donc important de bien lire le manuel de votre four; il vous indique et vous explique les différentes méthodes de cuisson et leur utilisation. Voici quelques données qu'il importe de bien comprendre pour tirer le meilleur profit de votre four.

Plateau rotatif

Certains fours sont munis d'un plateau rotatif ou d'un petit éventail dans la partie supérieure du four ou d'un système rotatif dérobé (celui de votre modèle sera expliqué dans le manuel d'instructions), alors vous n'avez pas à retourner le plat ou les aliments.

Si votre four n'a pas le plateau rotatif, ni l'éventail, ni le système rotatif dérobé, eh bien, il vous faudra retourner le plat de cuisson d'un quart de tour de temps en temps pour assurer une cuisson uniforme, car il arrive que les micro-ondes se concentrent davantage à un endroit qu'à un autre sur les aliments, surtout s'il y a des morceaux de gras dans la viande, et n'oublions pas que ces derniers ne sont pas toujours visibles. Ce qui arrive c'est que les parties grasses cuisent plus rapidement parce que le champ de réflexion n'est pas modifié.

Cuisson par « auto senseur » (Sensor)

Une autre merveille de la cuisine aux micro-ondes !
Le four décide du temps de cuisson requis.
Vous avez un légume, une viande, un ragoût, etc., à faire cuire et vous ignorez quel temps de cuisson allouer, soyez tranquille, car si votre four peut cuire par « auto senseur », ce dispositif détermine automatiquement la durée nécessaire pour compléter la cuisson. Vous aurez sur la plaque du four une section désignée soit « Cook », soit « Insta-matic », ou autre. Le manuel de votre four vous en indiquera l'utilisation.
Les cycles de cuisson par « auto-senseur » sont indiqués au tableau par les chiffres de 1 à 7 ou à 8, et à chaque chiffre correspond le genre d'aliment à faire cuire. Exemples : A7 Soft Vegetables (légumes tendres), soit choux de Bruxelles, Zucchini; A8 Hard Vegetables (légumes durs), soit carottes, etc. Consultez toujours le manuel d'instructions de votre four pour vous bien renseigner.
Il y a dans la cuisson par « auto senseur » (« Cook ») deux points importants à observer. Quel que soit l'aliment, il faut toujours y ajouter un peu d'eau, de 1/4 à 1/3 de tasse (60 - 80 mL), selon la quantité à faire cuire, et s'assurer que le plat soit bien recouvert d'un papier plastique ou d'un couvercle qui adhérera au plat pendant la cuisson. Vous trouverez ce genre de plats sur nos marchés, de formes et de dimensions variées, dont le couvercle est impeccable pour la cuisson par « auto senseur ». Ce sont les plats Micro-Dur.
- Il est important de ne pas ouvrir la porte du four pendant la période de cuisson. Le travail se fait en deux temps.
Le chiffre choisi apparaît et demeure visible jusqu'au moment où la vapeur indique au registre placé à l'intérieur de la machine, que le point de cuisson peut être déterminé.
Un signal sonore « Beep » se fera entendre, et le temps de cuisson déterminé par le four s'affichera au registre.

Quelques notes sur la décongélation des viandes

- Faire décongeler dans l'emballage d'origine (et non dans un papier d'aluminium) en plaçant dans un plat pour empêcher le liquide de se répandre.
- Placer le sélecteur d'intensité à la position « Defrost » et faire chauffer pendant la durée indiquée dans le tableau qui suit.
- Retourner l'aliment à deux ou trois reprises pendant le cycle de décongélation.
- Avant de préparer l'aliment, le laisser reposer pendant un temps équivalent à la durée du cycle de décongélation.
- Rincer à l'eau froide pour enlever toute glace restante.

← En haut : Bifteck grillé, sauce madère (p. 35)
← En bas : Côte de boeuf au vin rouge (p. 28)

Tableau de décongélation	Durée approximative (minutes par livre) sélecteur à « Defrost »	Temps d'attente (minutes par livre)
Boeuf		
Rôti		
Filet	5 à 6	5 à 6
Paleron ou croupe	5 à 6	5 à 6
Surlonge ou roulé	5 à 6	5 à 6
Bifteck		
Surlonge désossée	6 à 7	6 à 7
Flanc	4 à 5	4 à 5
Divers		
Saucisses de Francfort	5 à 6	5 à 6
Boeuf haché*	5 à 6	5 à 6
Foie	5 à 6	5 à 6

__Remarque__ : Afin d'éviter que les surfaces du morceau de boeuf haché ne cuisent avant que le centre ne soit décongelé, retirer du four les parties décongelées après la première moitié du cycle de décongélation.

Décongélation établie en fonction du poids de l'aliment

Certains fours offrent le choix de décongélation établie en fonction du poids de l'aliment ou de la durée du processus. Vous pouvez programmer la décongélation établie en fonction du poids qui est très précise, en commençant par lire les instructions données dans le manuel de votre four.

La décongélation établie en fonction du poids est basée sur le cycle automatique suivant : le cycle de décongélation pour viandes et volailles s'étend de 0,1 lb — environ 1½ oz, jusqu'à 5,9 lb (42 g à 3 kg). Si vous effleurez les touches du poids et de la décongélation (Defrost), le système d'auto-programmation indiquera au registre le poids, de 1 à 6 lb (0,5 à 3 kg) de toute pièce de viande ou de volaille généralement décongelée.

Je tiens à répéter que si votre four est muni de l'auto-décongélation établie en fonction du poids, vous devez lire les instructions de votre manuel pour en bien comprendre l'utilisation.

Quelques conseils sur le réchauffage des aliments au four à micro-ondes

Comme la décongélation, la possibilité de réchauffer une grande variété d'aliments est une utilisation très appréciée du four à micro-ondes. C'est pour vous une économie de temps, d'argent et de nettoyage après cuisson. De plus, par ce mode de réchauffage les aliments conservent toute leur fraîcheur et leur saveur. Les restes ont ce goût de « frais cuit », jamais obtenu auparavant quand on les réchauffait selon la méthode conventionnelle. Certains aliments sont même plus savoureux lorsqu'ils sont réchauffés dans le four à micro-ondes car les saveurs ont eu le temps de se lier.

Les plats tels les sauces à spaghetti, les lasagnes, les pommes de terre purée, les crèmes, les ragoûts, sont parmi les aliments dont la saveur s'améliore au réchauffage.

Pour réchauffer une assiettée

Disposez les aliments dans une assiette qui va au four à micro-ondes, en plaçant les portions plus épaisses et plus grosses au bord de l'assiette. Ajoutez de la sauce ou du beurre au goût. Recouvrez l'assiette d'un papier ciré, réchauffez à « Medium High » de 2 à 3 minutes, en vérifiant après 2 minutes.

Pour réchauffer par Senseur

La préparation de l'assiette est la même : la recouvrir en entier de papier plastique et effleurer la touche de mise en contact n° 1 du Senseur ou toute autre selon les instructions de votre manuel pour micro-ondes, à condition, bien entendu, que votre four à micro-ondes soit muni de la touche Senseur.

Votre four détermine le temps de cuisson, vous n'avez pas à vous en préoccuper.

Les plats en casseroles

Bien brasser et ajouter une petite quantité de liquide (eau, lait, consommé, sauce, etc.); généralement 1/4 de tasse (60 mL) suffit; recouvrir d'un couvercle en verre ou d'un papier plastique.

Encore une fois, si votre four est muni d'un Senseur ou de la cuisson Insta-matic, effleurez la touche de contact no 1 ou procédez comme l'indique votre manuel pour micro-ondes.

Temps nécessaire au réchauffage des aliments

Couvrir et programmer à « Medium High » pendant 2 à 6 minutes, en brassant à mi-temps.

Le boeuf

Coupe française

BOEUF

VIANDE SANS OS, À RÔTIR OU À GRILLER.

1. Bavette à beefsteak.
2. Rumsteck.
3. Aloyau (filet et faux-filet).
4. Bavette d'aloyau.
5. Côtes et entrecôtes.
6. Macreuse.
7. Griffe et jumeau.
8. Tende de tranche (face interne).

POT-AU-FEU, BOEUF MODE OU À BRAISER.

6. Macreuse.
9. Gite noix tendre.
10. Gite noix rond.
11. Tranche.
12. Culotte.
13. et premier talon.
14. Collier (veine gr., second talon).

AVEC OS, POUR POT-AU-FEU ÉCONOMIQUE.

15. Paleron.
16. Gros bout de poitrine.
17. Gite de devant.
18. Plat de côtes.
19. Milieu de poitrine.
20. Flanchet.
21. Gite de derrière.

VEAU

VIANDE AVEC OS, À RÔTIR OU À BRAISER.

1. Épaule.
2. Collet.
3. Côtes secondes.
4. Côtes premières.
5. Longe et rognons.

POUR BLANQUETTE ET RAGOÛT.

6. Poitrine.
7. Jarret.
8. Côtes découvertes.
9. Tendron.
10. Flanchet.
11. Jarret de derrière.

SANS OS, POUR RÔTI ET ESCALOPES.

12. Quasi.
13. Culotte.
14. Noix pâtissière.
15. Cuisseau (noix et sous-noix).

AGNEAU

VIANDE AVEC OS, À RÔTIR OU À GRILLER.

1. Gigot.
2. Selle double ou filet.
3. Côtes premières.
4. Côtes secondes.
5. Côtes découvertes.

VIANDE À RÔTIR OU À BRAISER.

6. Épaule.
7. Selle de gigot.

VIANDE AVEC OS, POUR RAGOÛT.

8. Poitrine.
9. Haut de côtelettes.
10. Collet.

PORC

VIANDE À RÔTIR.

1. Côtelettes.
2. Épaule.
3. Filet.
4. Lard gras.
5. Échine.
6. Pointe de culotte.

POUR RAGOÛT, PETIT SALÉ, POTÉE.

7. Collier.
7. Épaule.
8. Jambonneaux.
9. Poitrine.
10. Basses côtes.
10. Pointe de culotte.
11. Jambon.

Le boeuf

Apprenez à connaître les coupes de boeuf

Pour faire un rôti parfait, tendre, doré, juteux, quel que soit son mode de cuisson, il faut d'abord acheter la coupe parfaite pour le mode de cuisson choisi.

Le boeuf tout comme les autres viandes a des coupes plus tendres et moins tendres. Si l'on désire faire un rôti braisé ou mijoté ou bouilli, il faut aussi choisir les coupes en fonction du mode de cuisson.

Étudiez bien l'illustration qui suit pour reconnaître les coupes plus tendres et moins tendres.

Exemples : Un rôti dans la longe, soit l'aloyau ou la côte d'aloyau, pièce très fine et tendre, mais aussi plus coûteuse, fait un rôti de boeuf de première qualité.

La noix de ronde, la pointe de surlonge, qui est la coupe tendre de la cuisse, ainsi que les côtes croisées, la coupe tendre de l'épaule, font de très bons rôtis et leur prix de revient est plus économique.

Toutefois, les côtes croisées doivent avoir de 4 à 5 pouces (10 à 12 cm) d'épaisseur pour donner un rôti parfait. Si elles sont plus minces, il est préférable de les braiser ou de les bouillir.

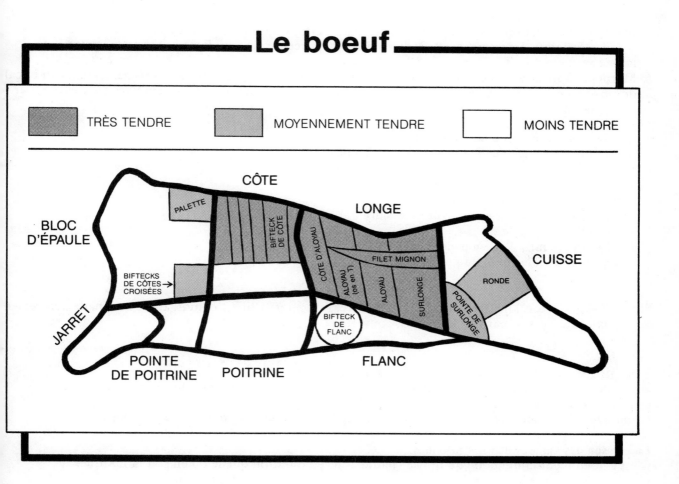

21

Comment attendrir les coupes de boeuf et d'autres viandes moins tendres

Il y a des coupes de viande, qu'il s'agisse de boeuf, de porc ou de veau, qui sont moins tendres et qui coûtent sensiblement moins cher. On peut les mariner de plusieurs manières, ce qui non seulement rend la viande tendre mais aussi lui donne des saveurs intéressantes.

1. Pour les biftecks ou les cubes de viande à ragoûts, les battre avec un maillet de bois ou de métal, ce qui attendrit les fibres de la viande. Le boucher ne procède pas autrement pour les biftecks attendris qu'il vous vend, mais il en coûte moins cher de le faire vous-même. On trouve de très bons maillets à bout métallique dans les magasins spécialisés.

2. Pour une tranche mince de viande, la badigeonner d'un mélange d'huile végétale et de jus de citron frais. Pour un bifteck, 1 c. à soupe (15 mL) d'huile et autant de jus de citron suffisent. Couvrir et laisser mariner de 30 minutes à 12 heures, au réfrigérateur.

3. Ma méthode favorite pour attendrir les cubes de viande à ragoût est de les recouvrir de babeurre (buttermilk) ou de yaourt, de bien mélanger, de couvrir et de laisser mariner 12 heures au réfrigérateur. Avant de les utiliser, bien égoutter et essuyer chaque cube avec un essuie-tout.

4. Pour un rôti braisé, la marinade française est idéale. Mettre dans une tasse à mesurer de 4 tasses (1 L) 1 tasse (250 mL) de vin rouge, 2 tasses (500 mL) d'eau, 1 oignon pelé et tranché, 2 gousses d'ail pelées, 1 c. à thé (5 mL) d'épices à marinade ou 1/2 c. à thé (2 mL) de sarriette et autant de thym, 1 c. à thé (5 mL) de cassonade ou de mélasse, 10 grains de poivre. Chauffer 2 minutes à « High ». Laisser reposer 20 minutes. Verser sur la pièce de viande, bien l'enrober de ce mélange, couvrir et laisser mariner 24 heures.

5. **Marinade mexicaine** — Au Mexique, les viandes ne sont pas tendres et il est nécessaire de les mariner. Une de leurs meilleures marinades est la suivante; elle n'est pas économique mais elle donne à la viande une saveur parfaite :
Peler un avocat et écraser à la fourchette la chair verte, y ajouter le jus d'un citron ou d'une limette, 2 gousses d'ail finement hachées. Badigeonner les morceaux de viande de ce mélange, couvrir et laisser mariner au réfrigérateur de 12 à 24 heures.

6. **Marinade française** — Voici une marinade qui se conserve de 6 à 8 semaines, réfrigérée, dans un bocal de verre bien couvert. En Province, on utilise du jus de raisin frais, que j'ai remplacé avec succès par du jus de raisin sans sucre (Welch's).

2/3 de tasse (160 mL) d'oignon émincé
3/4 de tasse (200 mL) de dés de céleri avec feuilles
1/3 de tasse (80 mL) de vinaigre de cidre
1/2 tasse (125 mL) d'huile végétale
1 tasse (250 mL) de jus de raisin
1 c. à soupe (15 mL) de sauce Worcestershire
1/2 c. à thé (2 mL) de sel
1/2 c. à thé (2 mL) d'ail en poudre ou
   3 gousses d'ail hachées fin

Bien mélanger le tout, mettre dans un pot de verre, réfrigérer. Utiliser comme toute marinade : en verser sur la viande et laisser mariner 12 heures, couverte et réfrigérée.

Les méthodes de rôtissage dans les fours à micro-ondes

Il y a plusieurs méthodes de rôtissage des viandes. Selon le type de four à micro-ondes que vous possédez vous pourrez en utiliser une seule ou plusieurs.
Le manuel d'instructions de votre four vous indiquera les méthodes qui lui sont propres.

La cuisson des viandes aux micro-ondes

C'est évidemment la méthode qu'utilise chaque four en question quelle qu'en soit la marque.
La cuisson des viandes aux micro-ondes permet la préparation facile et rapide d'un grand nombre de viandes, qu'elles soient rôties, braisées ou bouillies.

1. Température de la viande avant la cuisson : celle de la pièce est préférable. Si la viande sort du réfrigérateur, augmentez le temps de cuisson.
2. Forme et grosseur du morceau.
3. Tendreté de la coupe et degré de cuisson désiré.

Placez une grille à micro-ondes ou une soucoupe renversée ou un couvercle de verre sous le rôti, posé le gras vers le bas, pour éviter que le rôti baigne dans son jus. Retournez le rôti à moitié pendant la cuisson, ainsi que le plat. Posez une feuille de papier ciré sur le rôti. Quand le jus s'accumule dans le plat, retirez-le et mettez-le de côté pour faire la sauce. C'est là un point important parce que le jus absorbe l'énergie et empêche une cuisson parfaite de la viande. Si le rôti se renverse, calez-le avec un petit plat à crème renversée.

Le papier d'aluminium peut être utilisé pour couvrir certaines parties d'un rôti au début de la cuisson ou à mi-cuisson. Les bouts des os d'un rôti de boeuf doivent être couverts de deux pouces (5 cm) de papier d'aluminium.

Les bouts minces de rôtis désossés doivent aussi être couverts. S'ils sont couverts au début de la cuisson, retirez le papier d'aluminium à mi-cuisson.

Attention : La viande continue de cuire après qu'on l'a sortie du four. La recouvrir et la laisser reposer de 15 à 20 minutes.

La cuisson par convexion

Tout comme une cuisinière électrique à convexion, le four à micro-ondes qui cuit par convexion donne d'excellents résultats grâce à la circulation constante d'air chaud et sec autour de l'aliment qui cuit. On ajuste la température tel que la recette le précise — 300°F, 350°F, 400°F (150°C, 180°C, 200°C).

Profitez donc de ce mode de cuisson pour rôtir vos pièces de viande, elles seront dorées et cuites à votre goût. Si en plus votre four est muni d'un plateau rotatif automatique, la cuisson et le dorage se feront toujours de façon uniforme.

De plus, la cuisson par convexion vous permet d'utiliser toutes vos recettes favorites, que vous cuisiez dans votre cuisinière électrique ou à gaz, sans rien changer aux coupes ni au temps de cuisson requis.

La cuisson par sonde thermométrique

Lorsque la sonde est insérée dans un aliment, elle en contrôle la température interne.

Dès que le degré de cuisson désiré est atteint, le four s'arrête automatiquement. De plus, la sonde peut servir à maintenir la température de l'aliment jusqu'à l'heure du service; il vous suffit d'indiquer à la fiche « Temperature Hold » le temps d'attente que vous désirez. J'utilise beaucoup cette méthode qui donne toujours des résultats parfaits puisque la sonde thermométrique mesure avec précision la température des aliments. Si je désire un rôti saignant ou medium ou bien cuit, je programme selon mes besoins, en effleurant la touche de contact qui indique mon choix. Aussitôt que l'élément atteint le degré de cuisson désiré, le contact est coupé automatiquement.

Dans les recettes qui suivent vous trouverez des viandes cuites selon l'une ou l'autre de ces méthodes.

La sonde thermométrique

Comment l'utiliser.
1. Insérer la sonde thermométrique d'au moins 2,5 cm (1 pouce) dans l'aliment et la brancher au four.
2. Insérer toujours la sonde à l'horizontale dans la viande.
3. Si la viande est recouverte d'un papier de plastique, perforez le papier en insérant la sonde au centre de l'aliment couvert, toujours à l'horizontale.
4. Ne jamais utiliser la sonde dans un aliment surgelé ou avec un plat à griller.
5. Débrancher la sonde avec des mitaines pour éviter toute brûlure.
6. Nettoyer la sonde avec un linge et un détergent doux si nécessaire. Ne jamais tremper la sonde dans l'eau ni la mettre dans un lave-vaisselle.
7. Ranger la sonde dans son contenant d'origine.

NE JAMAIS UTILISER UN THERMOMÈTRE CONVENTIONNEL DANS UN FOUR À MICRO-ONDES. Toutefois, un tel thermomètre peut être utilisé pour vérifier la température interne lorsque l'aliment est retiré du four.

Petits trucs pour le rôtissage des viandes

- Nettoyer et éponger le rôti, puis le placer dans un plat de cuisson sur une grille à micro-ondes ou sur

une soucoupe ou un couvercle renversé.
- Assaisonner selon le goût. NE PAS SALER sauf les viandes bouillies ou braisées.
- Couvrir le plat de papier ciré afin de prévenir toute éclaboussure pendant la cuisson.
- Placer le sélecteur d'intensité à la position « High » ou à la position précisée dans la recette.
- Afin d'éviter que les parties les moins charnues du rôti soient trop cuites, les couvrir de papier d'aluminium une fois la moitié de la durée de cuisson écoulée. Utiliser des cure-dents en bois pour faire tenir le papier en place.
- Vérifier la température interne de la viande à l'aide d'un thermomètre. NE PAS UTILISER UN THERMOMÈTRE CONVENTIONNEL À L'INTÉRIEUR DU FOUR À MICRO-ONDES PENDANT LA CUISSON.
- Avant de servir, laisser reposer pendant 10 à 15 minutes. Ce temps d'attente permet d'uniformiser la température interne de la viande. Notez que cette température augmentera de 3° à 6°C (5°F à 10°F).

Rôti de boeuf aux micro-ondes

Quel que soit votre four à micro-ondes, il vous sera toujours possible de faire un beau rôti tendre et doré, cuit à votre goût, saignant, medium ou bien cuit, si vous suivez les indications suivantes.
Avant de commencer le travail, étudiez bien le tableau de cuisson du boeuf au four à micro-ondes qui suit, en vous rappelant que ces temps de cuisson ne valent que pour la viande déjà à la température de la pièce, si le morceau de viande sort du réfrigérateur ou a été décongelé sans période d'attente (voir décongélation des viandes), il faudra ajouter 2 minutes par livre (500 g). La viande sortie du réfrigérateur 1 à 2 heures avant la cuisson sera plus juteuse, plus dorée et plus tendre.
Si la pièce de viande à rôtir est surgelée, suivre les indications données dans le manuel de votre four pour la décongélation. Toutefois, lorsque le rôti est décongelé, il est important de le laisser au moins une heure à la température de la cuisine avant de le faire rôtir.

Tableau de cuisson du boeuf au four à micro-ondes

Saignant — 120°F (55°C) — 8 minutes à « High » pour la première livre du poids du rôti.
8 minutes par livre à « Medium » pour le reste du poids.

Exemple : Un rôti de 3 lb (1,5 kg) devra rôtir 8 minutes à [High » *et 16 minutes à* « Medium ».

Medium — 140°F (60°C) — 9 minutes à « High » pour la première livre du poids du rôti.
9 minutes par livre à « Medium » pour le reste du poids.

Bien cuit — 160°F (70°C) — 9 minutes à « High » pour la première livre du poids du rôti.
11 à 12 minutes par livre à « Medium » pour le reste du poids.

Rôti de côte de boeuf avec os
Cuisson aux micro-ondes

Pour bien réussir cette pièce de boeuf, il faut avoir un plat à griller (Corning), et bien recouvrir le bout des os plats en dessous du rôti avec une bande de papier d'aluminium comme l'indique le manuel de votre four.

Un rôti de longe ou de côte d'aloyau non désossé de 4 à 6 lb (2 à 3 kg)	**2 c. à soupe (30 mL) de beurre mou ou de margarine**
2 c. à thé (10 mL) de paprika	**1 oignon moyen coupé en quatre**
1 c. à thé (5 mL) de moutarde sèche	

Mettre en crème le paprika, la moutarde et le beurre. Mettre une bande de papier aluminium de 2 po (5 cm) sur le bout des os. Préchauffer le plat à griller 7 minutes à « High ». Sans le retirer du four, y placer le rôti, la partie grasse touchant le fond du plat. Cuire à « High » 8 minutes.
Badigeonner les parties rouges de la viande avec le mélange en crème.
Placer une grille pour micro-ondes ou une soucoupe renversée dans le fond d'un plat, y déposer le rôti, partie grasse sur le dessus. Saupoudrer d'un peu de paprika. Ne pas saler. Placer les morceaux d'oignon dans le fond du plat. Cuire à « Medium » 8 minutes par livre (500 g). Retirer le papier d'aluminium après les 8 premières minutes, et cuire à votre goût en vous reportant au tableau de cuisson du boeuf.
Lorsque le rôti est cuit le mettre dans un plat et le laisser reposer 10 minutes recouvert, dans un endroit chaud.
Préparer la même sauce que pour le rôti de côte roulé, ou toute autre de votre choix au chapitre des sauces.

Rôti de boeuf *(photo couverture)*
Cuisson par convexion

Cette méthode est la même que celle utilisée dans un four électrique. Les coupes de boeuf sont les mêmes que celles déjà mentionnées pour les autres modes de cuisson.
Voici la manière de procéder.
Pour faire un rôti de boeuf selon la méthode dite convexion, je recommande un rôti de faux-filet ou une côte de boeuf, ou une pièce plus économique : un rôti de côtes croisées ayant au moins 4 à 5 po (10 à 13 cm) d'épaisseur.

3 à 5 lb (1,5 à 2,5 kg) de rôti de boeuf	**1 c. à soupe (15 mL) de moutarde sèche**
3 c. à soupe (50 mL) d'un gras de votre choix	

Mettre en crème le gras et la moutarde sèche. Essuyer le rôti avec un essuie-tout. Beurrer les parties rouges de la pièce de viande avec le beurre-moutarde. Saupoudrer généreusement de paprika la partie grasse du dessus. Placer sur l'assiette du four la plaque anti-éclaboussures. Y mettre la grille à rissoler.
Préchauffer le four à 350°F (180°C) pendant 15 minutes. Placer une assiette en dessous de la grille à rissoler.
Placer le rôti sur la grille, et rôtir de 10 à 15 ou 20 minutes par livre à 350°F (180°C), selon que vous désirez un rôti saignant, medium ou bien cuit. Lorsque le rôti est cuit, faire la sauce de la même manière que pour les autres rôtis.

Rôti de côte de boeuf roulé
Cuisson aux micro-ondes

Assurez-vous qu'il n'y ait pas de gros morceaux de gras à l'intérieur de la pièce de viande. Par contre, une couche de gras sur le dessus du rôti ne le rend que meilleur. Ce rôti se cuit sans sel.

- Un rôti de longe ou de côte d'aloyau de 4 à 5 lb (2 à 2,5 kg), désossé et roulé
- 2 c. à soupe (30 mL) d'huile végétale ou de beurre fondu
- 1 c. à thé (5 mL) de paprika
- 1/2 c. à thé (2 mL) de thym
- 1/2 c. à thé (2 mL) de poivre frais moulu
- une petite gousse d'ail écrasée
- 2 c. à soupe (30 mL) de chapelure de pain très fine

Mélanger dans un bol l'huile végétale ou le beurre fondu, le paprika, le thym, le poivre, l'ail et la chapelure. Badigeonner de ce mélange le dessus gras du rôti et ses côtés.

Placer le rôti sur une grille pour micro-ondes ou sur une soucoupe renversée dans un plat de cuisson de 8 sur 12 po (20 sur 30 cm).

Rôtir selon le temps de cuisson précisé au tableau de cuisson du boeuf.

Lorsque le temps de cuisson est terminé, laisser reposer la viande de 10 à 15 minutes, recouverte, dans un endroit chaud.

Pour faire la sauce, retirer le rôti et la grille du plat de cuisson; ajouter au jus accumulé au fond du plat 1/4 de tasse (60 mL) d'un liquide de votre choix, thé froid ou madère ou sherry ou vin rouge, et 1 c. à thé (5 mL) de moutarde de Dijon. Bien mélanger le tout, en écrasant les petites boules de caramel brun (osmazone de la viande); c'est ce qui donne couleur et saveur à un jus de viande. Chauffer 1 minute à « High » au moment de servir.

Pour faire une sauce crémeuse
Ajouter au gras 1 c. à soupe (15 mL) de farine. Bien mélanger, cuire à « High » 2 minutes, en brassant 1 fois. Ajouter 1/2 tasse (125 mL) d'un liquide de votre choix, tel qu'indiqué ci-haut. Si votre choix se porte sur le madère ou le sherry, n'en utiliser que 1/4 de tasse (60 mL) plus 1/4 de tasse (60 mL) d'eau froide.

Bien brasser et cuire 3 minutes à « High », en brassant une fois.

Note: Consultez le chapitre des sauces, pour des sauces spéciales.

Rôti de boeuf _(photo page 16-17 recto)_
Cuisson par sonde thermométrique

Si votre four est doté d'une sonde thermométrique, c'est la méthode simple et parfaite pour cuire un rôti, quelle qu'en soit la coupe : côtes croisées, noix de ronde ou côte de boeuf, avec ou sans os. Voir comment procéder au paragraphe « La sonde thermométrique ».
En suivant cette méthode, les résultats sont toujours parfaits. Le four décide du temps requis pour la cuisson que vous avez programmée et s'arrête de lui-même lorsque ce point est atteint.

Un rôti de votre choix de 4 à 6 lb (2 à 3 kg)

1/2 c. à thé (2 mL) de poivre moulu

1/2 c. à thé (2 mL) de paprika

1 c. à thé (5 mL) de moutarde sèche

1 gousse d'ail hachée fin

1 feuille de laurier, brisée en petits morceaux

1 c. à soupe (15 mL) d'huile végétale

Mélanger le poivre, le paprika, la moutarde sèche, l'ail, le laurier et l'huile végétale. Badigeonner de ce mélange les parties rouges de la pièce de viande.
Placer la plaque anti-éclaboussures dans l'assiette de votre four, y placer la grille à rissoler; sous la grille placer une assiette de pyrex ou de céramique, mettre la viande sur la grille. Insérer la sonde dans la pièce de viande et la brancher au four. Effleurez la touche de contact et le numéro choisi selon que vous désirez un rôti saignant, à point ou bien cuit. Le four se met en marche et s'arrête seul lorsque la viande atteint le degré de cuisson désiré.
Retirer le rôti du four, enlever la sonde et faire la sauce avec le jus accumulé dans le fond de l'assiette. Procéder de la même manière que pour le rôti de côte roulé cuit au four à micro-ondes ou suivant les données d'une sauce de votre choix, au chapitre des sauces.

Rôti de boeuf 3 étoiles
Cuisson par méthode convexion

Ce superbe rôti est cuit par convexion. Si votre four à micro-ondes est aussi doté de la méthode dite de convexion, n'hésitez pas à faire ce rôti, si vous désirez une pièce de viande de qualité pour recevoir des amis ou célébrer une occasion spéciale en famille.

Une surlonge de boeuf de 4 à 5 lb (2 à 2,5 kg), désossée et roulée

3 c. à soupe (50 mL) de beurre mou

2 c. à soupe (30 mL) de moutarde de Dijon

1 c. à soupe (15 mL) de moutarde sèche

2 c. à soupe (30 mL) de sauce Chili

1/2 tasse (125 mL) de madère sec ou de sherry

1/2 tasse (125 mL) de consommé de boeuf

Préparer le four en plaçant la plaque anti-éclaboussures dans le plateau de céramique du four; sur la plaque, placer la grille à rissoler. Préchauffer le four à 375°F (190°C).
Mélanger le beurre, la moutarde de Dijon, la moutarde sèche et la sauce Chili. Badigeonner de ce mélange les parties rouges de la viande. Mettre une assiette à tarte sous la grille. Rôtir à 375°F (190°C), 15 à 20 minutes par livre (500 g), selon que vous désirez un rôti saignant ou medium. Lorsqu'il est cuit, placer le rôti sur un plat chaud et le garder au chaud.
Enlever le gras de la sauce qui flotte sur le dessus à l'aide d'une cuillère. Au jus brun qui reste, ajouter le vin de votre choix et le consommé, bien gratter l'assiette pour écraser les résidus bruns... Chauffer au four à micro-ondes à « High » 5 minutes, en brassant deux fois pendant la cuisson.

Noix de ronde à la bordelaise
Cuisson aux micro-ondes

La noix de ronde et la surlonge sont des pièces de boeuf plus économiques que la côte de boeuf. Cuites à la Bordelaise, elles assurent une viande tendre et savoureuse. Servir avec pommes de terre purée ou nouilles fines garnies de la sauce de la viande.

3 à 4 lb (1,5 à 2 kg) de noix de ronde ou de surlonge de boeuf

1/3 de tasse (80 mL) d'huile d'olive ou végétale

1/2 tasse (125 mL) de vin rouge

1/2 tasse (125 mL) de bouillon de boeuf

1 tasse (250 mL) d'oignons tranchés mince

1/4 tasse (60 mL) de persil frais émincé

2 feuilles de laurier

1 c. à thé (5 mL) de thym

1 c. à thé (5 mL) de sucre

1 c. à thé (5 mL) de sel

1/2 c. à thé (2 mL) de poivre en grains concassés

3 tranches de bacon

1 c. à soupe (15 mL) de vinaigre de vin ou de cidre

Mélanger dans un grand plat l'huile, le vin, le bouillon de boeuf, les oignons, le persil, le laurier, le thym, le sucre, le sel et le poivre. Rouler le morceau de viande dans ce mélange, couvrir et mariner 24 heures, réfrigéré. Retourner la pièce de viande 2 à 3 fois pendant cette période. Pour cuire, placer les tranches de bacon sur un papier blanc. Cuire à « High » 2 minutes. Les placer au fond d'un plat creux, assez grand pour contenir le morceau de viande.
Retirer la viande de la marinade. L'égoutter tout en réservant le jus. Mettre les oignons et les herbes qui restent dans la passoire sur le bacon. Placer le morceau de viande sur le tout et ajouter 1 tasse (250 mL) du jus de la marinade. Couvrir et cuire 10 minutes à « High », réduire la chaleur à « Medium » et cuire 40 à 70 minutes ou jusqu'à ce que la viande soit tendre.
Placer la viande lorsqu'elle est cuite sur un plat chaud. Ajouter à la sauce 1/4 de tasse (60 mL) du jus de la marinade qui reste et la cuillerée de vinaigre. Cuire 5 minutes à « High ». Servir dans une saucière.

Côte de boeuf au vin rouge (photo page 16-17 verso en bas)
Cuisson aux micro-ondes

Manière provençale de rôtir une côte de boeuf. Bien différente du rôti cuit selon les méthodes classiques. Recette par excellence pour servir la côte de boeuf froide, tranchée mince, pour un buffet.

3½ à 4 lb (1,5 à 2 kg) de rôti de côte de boeuf, désossé et roulé

1/4 de tasse (60 mL) de farine

1 c. à thé (5 mL) de paprika

4 c. à soupe (60 mL) de beurre

1 tasse (250 mL) d'oignons en tranches

1/2 tasse (125 mL) de carottes râpées

1 gousse d'ail émincée

2 c. à soupe (30 mL) de cognac chaud

1 tasse (250 mL) de vin rouge sec

1 c. à thé (5 mL) de sel

1/2 c. à thé (2 mL) de poivre frais moulu

1 feuille de laurier

1/2 c. à thé (2 mL) de thym

Bien essuyer le rôti avec un essuie-tout et rouler dans la farine et le paprika étendus sur un papier ciré, jusqu'à ce que la viande en soit recouverte.

Préchauffer un plat à griller (Corning) ou un caquelon (Panasonic) 7 minutes à « High ». Mettre le beurre dans le plat chaud, sans retirer celui-ci du four. Aussitôt que le beurre est fondu, ce qui se fait par la chaleur du plat, y placer le rôti, la partie grasse touchant le fond. Cuire 2 minutes à « High », retourner le rôti et cuire encore 2 minutes à « High »; répéter l'opération pour les deux autres côtés.

Retirer le rôti du plat. Au gras qui reste dans le plat, ajouter oignon, carottes et ail, bien brasser et cuire 2 minutes à « High ». Placer le rôti sur le mélange, la partie grasse sur le dessus. Chauffer le cognac 1 minute à « High ». Allumer et verser flambant sur le rôti.

Chauffer le vin 40 secondes à « High » dans une tasse à mesurer avec le reste des ingrédients. Verser autour du rôti. Couvrir.

Cuire 15 minutes par livre (500 g) à « Medium ». Vérifier la cuisson et si nécessaire ajouter 15 minutes de cuisson.

Retirer le rôti du plat. Bien brasser le jus tout en écrasant les légumes et le servir tel quel dans une saucière, ou le passer au robot culinaire pour le mettre en crème.

Côtes croisées maison
Cuisson aux micro-ondes

Il est plus économique d'acheter les côtes croisées avec les os attachés en dessous. Son poids peut osciller entre 4 et 5 lb (2-2,5 kg).

Pour en tirer le meilleur parti possible procéder ainsi : enlever les cordes, les os se détacheront car ils ont été coupés par le boucher. Je les utilise pour faire des petites côtes de boeuf barbecue. De la pièce de viande je retire une tranche épaisse d'à peu près 1 lb (500 g), que je passe au hachoir et que je transforme en pain de viande ou en boulettes de viande, ou je coupe 4 petites tranches minces que j'attendris avec le maillet à viande, pour en faire des biftecks minute. Le morceau qui reste, je le cuis braisé, comme dans la recette qui suit. Si vous achetez séparément boeuf haché, biftecks minute et rôti de côtes croisées, il vous en coûtera plus cher.

Voici comment procéder pour rôtir votre pièce de viande :

1 rôti de côtes croisées de 3 à 4 lb (1,5-2 kg)	2 oignons tranchés mince
2 c. à soupe (30 mL) de margarine	2 gousses d'ail émincées
1 c. à thé (5 mL) de sel	1/4 de tasse (60 mL) de sauce Chili
1/2 c. à thé (2 mL) de poivre	1 tasse (250 mL) de thé chaud
1 petit citron non pelé, tranché mince	1/2 c. à thé (2 mL) de basilic
2 c. à thé (10 mL) de sucre	1 c. à thé (5 mL) de sarriette

Mettre la pièce de viande dans une casserole de céramique ou de verre de 8 tasses (2 L). Mélanger la margarine, le sel, le poivre et le sucre. Badigeonner de ce mélange la partie rouge de la viande. Recouvrir le tout avec les tranches de citron.

Mélanger le reste des ingrédients et verser sur la viande. Bien couvrir du couvercle de la casserole ou d'un papier de matière plastique. Cuire 20 minutes à « High ». Retourner la viande, couvrir et cuire 30 minutes à « Medium ». Retourner et arroser la viande avec le jus accumulé. Couvrir et cuire à « Medium » pendant 20 minutes. Vérifier la cuisson avec une fourchette. Si le rôti est tendre, recouvrir et laisser reposer 20 minutes avant de servir. Il sera encore bien chaud.

Accompagner de nouilles ou de riz ou de pommes de terre en purée et d'un bol de fromage râpé.

Rôti de côtes croisées, braisé à la bavaroise

Cuisson aux micro-ondes

Les oignons dorés au beurre et les tomates fraîches forment une sauce rosée onctueuse et fine. Comme pour toute viande braisée, la cuisson est plus lente et plus longue que pour un rôti. Accompagner de nouilles persillées et de petits pois.

3 c. à soupe (50 mL) de beurre ou de margarine

2 oignons moyens, tranchés mince

un rôti de côtes croisées de 3 à 4 lb (1,5 à 2 kg)

1½ c. à thé (7 mL) de sel

1/2 c. à thé (2 mL) de poivre

1/2 c. à thé (2 mL) de sucre

1/2 tasse (125 mL) de tomates fraîches tranchées

2 c. à soupe (30 mL) de farine

1/2 tasse (125 mL) de vin ou de vermouth blanc

1/2 tasse (125 mL) de crème sure (commerciale)

Mettre le beurre dans un plat en verre ou en céramique de 8 sur 12 po (20 sur 30 cm). Chauffer à « High » 3 minutes ou jusqu'à ce que le beurre soit doré. Ajouter les oignons, bien mélanger et cuire de 2 à 3 minutes à « High » ou jusqu'à ce que les oignons brunissent ici et là. Placer la viande sur les oignons, cuire 1 minute à « High », retourner la pièce de viande et cuire 4 minutes à « High ». Ajouter le sel, le poivre et le sucre. Mélanger et ajouter les tomates, bien mélanger le tout autour de la viande. Couvrir avec couvercle de pyrex ou un papier de matière plastique bien ajusté sur le plat. Cuire 15 minutes par livre (500 g) à « Medium ».

Retourner le rôti, brasser la sauce au fond du plat et laisser reposer, couvert, pendant 20 minutes. Mettre la viande sur un plat chaud et ajouter la farine à la sauce, bien mélanger. Ajouter le vin ou le vermouth blanc et la crème sure. Bien mélanger le tout et cuire à « Medium » 1 à 2 minutes, ou jusqu'à ce que la sauce bouillonne légèrement. Bien brasser et verser sur la viande.

Queue de boeuf fermière
Cuisson aux micro-ondes

Plat de famille économique. À ma table c'est toujours un succès. Je sers ce plat, même à des amis, accompagné de pommes de terre bouillies, persillées. L'été, je remplace le persil par de la ciboulette fraîche. Facile à faire un jour d'avance; facile à réchauffer : généralement 20 minutes à « Medium », couvert.

1 queue de boeuf, coupée en petits morceaux

1 petit navet jaune pelé et coupé en quatre

4 oignons moyens entiers et pelés

2 carottes moyennes pelées et entières

1 c. à thé (5 mL) de thym

1/2 c. à thé (2 mL) de moutarde sèche

1 c. à thé (5 mL) de gros sel ou de sel fin

1/2 c. à thé (2 mL) de grains de poivre noir

2 tasses (500 mL) d'eau chaude ou de jus de tomate

3 c. à soupe (50 mL) de farine

1/2 tasse (125 mL) d'eau froide

Mettre dans un plat de céramique ou de verre ou de matière plastique de 6 tasses (1,5 L), et muni d'un bon couvercle, tous les ingrédients excepté la farine et l'eau froide. Couvrir. Cuire à « High » 2 minutes; bien brasser et cuire à « Medium » 40 à 60 minutes en brassant 3 fois et en vérifiant la cuisson de la viande. À tendreté, arrêter la cuisson.
Bien mélanger la farine et l'eau froide. Retirer les morceaux de viande, couper les carottes en 3. Ajouter le mélange de farine. Bien brasser, couvrir et cuire à « High » 2 à 3 minutes ou jusqu'à l'obtention d'une sauce crémeuse; brasser une fois pendant la cuisson. Remettre la viande dans la sauce. Chauffer 1 minute si nécessaire.

Le « pot en pot » de ma grand-mère
Cuisson aux micro-ondes

C'est ma façon préférée de faire un rôti braisé. Un jour je l'ai fait au four à micro-ondes en l'adaptant bien entendu. Grand-mère le faisait dans un pot de terre cuite que j'ai remplacé par ma cocotte (Panasonic) de céramique bleue et blanche. À ma surprise, le rôti était encore meilleur ainsi que préparé à l'ancienne mode.

3 à 4 lb (1,5 - 2 kg) de ronde dans le petit os de la pointe de surlonge

2 c. à soupe (30 mL) de beurre mou

1/4 de c. à thé (1 mL) de poivre frais moulu

1 gros citron non pelé, coupé en dés

2 gros oignons tranchés mince

1 tasse (250 mL) de sauce Chili

1 c. à thé (5 mL) de basilic ou de sarriette

1/4 de tasse (60 mL) de vin rouge ou d'eau

Placer la viande dans le plat de cuisson. Badigeonner le dessus de beurre mou, saler et poivrer. Mélanger le citron et les oignons et placer sur la viande. Mélanger le reste des ingrédients et verser sur le tout. Couvrir et cuire à « Medium » 1 heure 30 minutes ou jusqu'à ce que la viande soit tendre. Pour servir, trancher mince et recouvrir avec la sauce bien mélangée ou passée au tamis. Servir avec une purée de pommes de terre et des carottes, dont vous trouverez la recette dans le livre consacré aux légumes.

Boeuf bouilli, sauce aux prunes
Cuisson aux micro-ondes

À la fin de l'été, quand nous trouvons les petites prunes bleues Damson sur le marché, je m'empresse de faire ce plat, que je sers avec de petites nouilles fines bien persillées. Aussi bon froid que chaud.

3 lb (1,5 kg) de boeuf à bouillir

2 tasses (500 mL) d'eau chaude

1 lb (500 g) d'os de boeuf à moelle

6 carottes pelées et coupées en quatre

4 petits navets blancs pelés et tranchés

3 oignons moyens, chacun piqué de 2 clous de girofle

3 poireaux coupés en bouts d'un pouce (2,5 cm)

12 grains de poivre

1 c. à soupe (15 mL) de gros sel

1 c. à thé (5 mL) de thym

3 feuilles de laurier

8 à 10 branches de persil (facultatif)

1 gros oignon blanc haché

2 c. à soupe (30 mL) de beurre

1 lb (500 g) de prunes bleues dénoyautées

1 tasse (250 mL) de vin rouge

1 c. à soupe (15 mL) de sucre

1/4 de c. à thé (1 mL) de poivre

Placer la viande et les os à moelle dans un plat de 12 tasses (3 L). Ajouter l'eau chaude. Couvrir, amener à ébullition à « High » 15 minutes. Ajouter les carottes, les navets blancs, les oignons, les poireaux, les grains de poivre, le gros sel, le laurier, le thym et le persil. Bien brasser autour de la viande. Couvrir et cuire à « Medium High » 1 heure, brasser et cuire 45 minutes à « Medium ». Suivant la coupe de viande utilisée, la cuisson peut prendre 20 minutes de plus ou de moins. Il est donc bon de vérifier avec une fourchette 25 minutes après la cuisson à « Medium ».
Fondre le beurre 2 minutes à « High » dans un plat de 4 tasses (1 L). Ajouter l'oignon haché et 1/3 de tasse (80 mL) de vin rouge, cuire 3 minutes à « High », en brassant 2 fois. Saupoudrer de sucre et de poivre, bien mélanger. Ajouter les prunes et le reste du vin, bien brasser, couvrir et cuire 8 à 10 minutes à « Medium High », ou jusqu'à ce que les prunes soient tendres. Bien brasser.
Servir tranché mince avec la sauce aux prunes versée dans une saucière.

Bifteck grillé aux champignons
Cuisson aux micro-ondes

Un bifteck de votre choix

1 c. à thé (5 mL) de beurre

1/2 c. à thé (2 mL) d'estragon

1 gousse d'ail coupée en deux

1 à 2 tasses (250-500 mL) de champignons tranchés mince

sel et poivre au goût

Griller au four à micro-ondes un bifteck de votre choix, suivant la recette du bifteck grillé à la sauce madère.
Lorsque le bifteck a reposé 3 minutes, le placer sur un plat chaud. Au jus de cuisson, ajouter le beurre, l'estragon et l'ail, puis faire cuire 1 minute à « High ». Bien remuer. Ajouter les champignons. Bien mélanger le tout. Saler et poivrer, puis compléter la cuisson à « High » pendant 3 minutes. Verser autour du bifteck.

Boeuf bouilli gros sel (p. 34) →

Stéfatho grec *(première photo verso en bas)*
Cuisson aux micro-ondes

Un repas complet dans un seul plat, boeuf ou agneau, aubergine et riz. En Grèce, c'est le plat familial. On peut le cuire un jour d'avance, le réfrigérer et le réchauffer couvert le lendemain en utilisant la « Touche I » de l'Auto-Senseur (Sensor) ou en le cuisant 10 à 15 minutes à « Medium ».

2 lb (1 kg) de ronde de boeuf en carrés de 1 pouce (2,5 cm)

1/2 c. à thé (2 mL) de poivre

1 c. à thé (5 mL) de sel

1 c. à thé (5 mL) de sucre

1 c. à thé (5 mL) de cannelle

1/3 de tasse (80 mL) d'huile végétale

12 petits oignons blancs

2 tasses (500 mL) de bouillon de boeuf

1 boîte de 7½ onces (210 mL) de sauce tomate

1/4 de tasse (60 mL) d'huile végétale

1 aubergine moyenne pelée et coupée en dés

1 piment vert coupé en bâtonnets

1/2 tasse (125 mL) de riz à grain long

Mélanger dans une assiette le poivre, le sel, le sucre et la cannelle. Rouler les carrés de boeuf dans ce mélange. Chauffer l'huile dans un plat à griller (Corning) pendant 4 minutes à « High ».
Ajouter les carrés de viande à l'huile chaude. Brasser le tout quelques secondes et cuire à « Medium High » pendant 4 minutes. Brasser et cuire encore 4 minutes à « Medium High ». Retirer la viande dans un plat de 8 tasses (2 L). Chauffer le gras qui reste dans le plat (il y en a très peu), 1 minute à « High ».
Ajouter les oignons, cuire 2 minutes à « High ». Ajouter 1/2 tasse (125 mL) du bouillon de boeuf et la sauce tomate. Bien mélanger le tout. Couvrir avec le couvercle de la casserole ou un papier de matière plastique. Cuire à « Medium » pendant 1 heure en brassant bien après 30 minutes de cuisson.
Chauffer le 1/4 de tasse (60 mL) d'huile 5 minutes dans le plat à griller (Corning). Ajouter l'aubergine, bien brasser. Cuire à « High » 5 minutes. Ajouter le piment vert. Chauffer 1 minute à « High ». Verser dans la casserole de viande quand sa cuisson s'achève, sans oublier d'y ajouter le riz et le reste du bouillon de boeuf. Bien remuer le tout. Couvrir et cuire 20 à 25 minutes à « Medium High ». Brasser après 15 minutes de cuisson.

← **En haut : Bifteck au piment vert à la chinoise (p. 36)**
← **En bas à gauche : Hamburger (p. 35)**
← **En bas à droite : Petite timbale de boeuf haché (p. 39)**

Boeuf bouilli gros sel *(photo page 32-33 recto)*
Cuisson aux micro-ondes

Vieille recette du Québec, plat printanier par excellence, léger, plein de couleur. La vinaigrette persillée lui donne sa verdure. Excellent servi chaud, tout aussi bon servi froid, tranché mince. Mais attention, le morceau de viande doit refroidir dans son bouillon réfrigéré, puis être remis à la température de la pièce une heure avant de le servir. Ajouter au bouillon qui reste les légumes non utilisés taillés en petits dés, et du riz au goût, et vous aurez une excellente soupe aux légumes.

8 tasses (2 L) d'eau chaude

4 à 6 carottes moyennes pelées et coupées en deux

2 à 3 panais pelés et coupés en deux

1 gros oignon coupé en quatre

1/2 c. à thé (2 mL) de thym

4 clous de girofle

2 feuilles de laurier

1 c. à thé (5 mL) de gros sel

1/4 de c. à thé (1 mL) de poivre frais moulu

4 lb (2 kg) de boeuf à bouillir de votre choix

1 lb (500 g) de haricots ou de petits pois frais

6 à 8 pommes de terre pelées

Mettre tous les ingrédients dans un plat de 10 à 12 tasses (2,5-3 L) muni d'un bon couvercle. Couvrir et cuire 20 minutes à « High ». Brasser, retourner le morceau de viande, couvrir et cuire 20 minutes à « High ». Retourner le morceau de viande et mijoter 30 minutes à « Medium ». Retourner encore une fois le morceau de viande et cuire de 20 à 30 minutes à « Medium » ou jusqu'à ce que la viande soit tendre.

La vinaigrette persillée :
Mettre dans un bol 1/2 c. à thé (2 mL) de sel, 1/4 de c. à thé (1 mL) de poivre et autant de sucre, 1 c. à thé (5 mL) de moutarde de Dijon, 3 c. à soupe (50 mL) de vinaigre de vin ou de cidre. Bien brasser le tout et ajouter 1/3 de tasse (80 mL) d'huile d'arachide. Bien brasser et ajouter 1/4 de tasse (60 mL) de persil et autant de ciboulette ou d'oignons verts, hachés fin. Bien mélanger le tout, ce qui donne une sauce vinaigrette assez épaisse. Servir dans une jolie saucière; chacun en met à son gré sur la viande et les légumes chauds ou froids.

Bifteck grillé, sauce madère

(photo page 16-17 verso en haut)

Cuisson aux micro-ondes

Pour obtenir un bon bifteck à la saveur d'une grillade dans un four à micro-ondes, il est important d'avoir un plat à griller en céramique (Corning). Un bifteck sans os et d'à peu près 1 ou 2 po (2,5-5 cm) d'épaisseur est toujours parfait. Les meilleures coupes sont la côte de boeuf, le faux-filet, la côte d'aloyau, le filet, le contre-filet ou un bifteck de surlonge si vous désirez un grand bifteck. Si possible, utilisez le bifteck à la température de la pièce.

Un bifteck de son choix

quelques petits morceaux de gras

paprika

sel et poivre

Enlever quelques morceaux de gras sur les bords du bifteck. Saupoudrer un côté du bifteck de paprika. Préchauffer un plat à griller (Corning) de 8 sur 8 po (20 sur 20 cm) à « High » 7 minutes. Lorsqu'il est chaud, y placer le bifteck, le côté paprika touchant le fond, sans retirer le plat du four. Presser sur le dessus du bifteck du bout des doigts pour obtenir un parfait contact avec le plat. Jeter les petits morceaux de gras autour du bifteck. Griller à « High » de 3 à 4 minutes selon qu'on le désire plus ou moins cuit. Retourner le bifteck, couvrir avec un papier ciré et laisser reposer de 3 à 4 minutes. Le bifteck ne cuit que d'un côté. Mettre sur une assiette chaude.
Pour préparer la sauce, voir au chapitre des Sauces.
Verser la sauce chaude sur le bifteck. Saler et poivrer au goût.

Hamburgers

(photo page 32-33 en bas à gauche)

Cuisson aux micro-ondes

Les pâtés de viande se cuisent tendres et juteux dans le four à micro-ondes, si vous avez un plat à griller (Corning). Sans le plat à griller, cuire selon la méthode qui suit.

1 lb (500 g) de boeuf haché

1 c. à thé (5 mL) de sel

1/4 de c. à thé (1 mL) de poivre

1/2 c. à thé (2 mL) de thym

3 oignons verts hachés fin

3 c. à soupe (50 mL) de flocons de pommes de terre instantanées ou de mie de pain

3 c. à soupe (50 mL) d'eau, de vin, de jus de pommes ou de bière

paprika

Dans un bol, mélanger parfaitement tous les ingrédients du bout des doigts, excepté le paprika. Diviser en 4 ou 5 pâtés d'égale grosseur. Saupoudrer un côté de paprika. Préchauffer un plat à griller (Corning) de 8 sur 8 po (20 sur 20 cm) 7 minutes à « High ». Sans le retirer du four, y placer les pâtés côté paprika en s'assurant qu'ils touchent le fond du plat. Faire cuire 4 minutes à « High ». Retourner les pâtés et laisser reposer 4 minutes dans le plat recouvert d'un papier ciré. Servir.

La cuisson des pâtés sans le plat à griller
Mélanger les ingrédients de la même façon. Remplacer le paprika par la sauce « Kitchen Bouquet ». Placer les pâtés dans un plat de 8 sur 8 po (20 sur 20 cm), si possible, sur une petite grille. Faire cuire 4 minutes à « High », les retourner et compléter la cuisson pendant 4 minutes à « Medium High ».

Bifteck au piment vert à la chinoise
Cuisson aux micro-ondes

(photo page 32-33 en haut)

Cette recette permet de nourrir 4 à 5 personnes avec 1 livre (500 g) de bifteck. J'utilise le bifteck coupé d'une seule pièce des côtes croisées, tel qu'indiqué pour les biftecks minute, ou 1 lb (500 g) de bifteck de ronde. Servir avec du riz bouilli.

1 lb (500 g) de bifteck d'un seul morceau ou tranché mince

3 c. à soupe (50 mL) d'huile à salade

1 gousse d'ail, hachée fin

1 oignon, haché

2 piments verts, tranchés en languettes

1/2 c. à thé (2 mL) de sel

1/4 de c. à thé (1 mL) de poivre

1 c. à soupe (15 mL) de gingembre frais râpé

1 c. à soupe (15 mL) de fécule de maïs

1 tasse (250 mL) de consommé de votre choix

1 c. à soupe (15 mL) de sauce de soja

1 c. à thé (5 mL) de sucre

Trancher le bifteck sur le biais en petites tranches aussi minces que possible. Chauffer l'huile à salade dans un plat à griller (Corning) 2 minutes à « High ». Ajouter l'ail et chauffer 40 secondes à « High ». Ajouter la viande, bien remuer dans l'huile chaude. Cuire 2 minutes à « High ». Placer la viande autour du plat. Au milieu, mettre l'oignon, le piment vert, le sel, le poivre et le gingembre, remuer le tout sans déplacer la viande.
Couvrir d'un papier ciré et cuire 5 minutes à « Medium High ».
Mélanger la fécule, le consommé, la sauce de soja et le sucre. Verser sur le tout après les 5 minutes de cuisson. Bien mélanger viande et légumes. Cuire à « Medium High » de 2 à 3 minutes en brassant après 2 minutes de cuisson. Le tout est prêt lorsque la sauce est transparente. Bien mélanger et servir.

Petites côtes de boeuf, sauce barbecue
Cuisson aux micro-ondes

(photo page 96-97 verso en bas)

Voilà une manière de cuire les côtes de boeuf détachées de la côte croisée. On peut aussi les acheter sans le rôti, toutes prêtes à utiliser. Les petites côtes de porc se préparent de la même manière. Servir avec riz nature; pour un repas plus élégant garnir de champignons grillés.

2 à 3 lb (1 à 1,5 kg) de petites côtes de boeuf

1/2 tasse (125 mL) de ketchup ou de sauce Chili

1 tasse (250 mL) d'eau

1 c. à soupe (15 mL) de sucre

1 c. à soupe (15 mL) de moutarde préparée

1 c. à thé (5 mL) de sel

20 grains de poivre

1 c. à thé (5 mL) de sarriette

4 gousses d'ail coupées en deux

2 gros oignons tranchés mince

le jus et le zeste d'une orange

3 c. à soupe (50 mL) de sauce de soja

Mettre les côtes de boeuf dans un bol. Mélanger le reste des ingrédients. Verser sur les côtes de boeuf et bien brasser jusqu'à l'obtention d'un parfait mélange; couvrir et réfrigérer 24 heures, brasser 2 à 3 fois pendant ce temps de marinage.
Pour cuire, mettre viande et marinade dans une casserole de 8 à 10 tasses (4 à 5 L). Couvrir, cuire à « High » 20 minutes, bien brasser et cuire à « Medium » de 30 à 40 minutes ou jusqu'à ce que la viande soit tendre. Brasser 2 fois pendant la période de cuisson à « Medium ».

Comment varier
la saveur des pâtés de viande

Ajoutez l'un des ingrédients suivants à votre mélange de viande ou variez les viandes utilisées.

Varier les viandes
1. Remplacez la livre (500 g) de boeuf haché par 1/2 lb (250 g) de veau et 1/2 lb (250 g) de porc.
2. Mélangez 1/2 lb (250 g) de boeuf haché avec une égale quantité de porc haché.
3. Mélangez 1/3 de lb (160 g) de boeuf, de veau et de porc hachés.

Ajoutez au mélange de viande de votre choix ou simplement à la viande de boeuf haché, préparée selon la recette pour hamburgers, l'un des ingrédients suivants, ce qui donnera au pâté une saveur différente :
1. 1 c. à soupe (15 mL) de sauce A-1.
2. 1 c. à soupe (15 mL) de sauce Worcestershire.
3. 2 c. à soupe (30 mL) d'oignon grillé.
4. 4 oignons verts frais hachés, le vert et le blanc.
5. 1/2 c. à thé (2 mL) d'ail en poudre ou
   2 gousses écrasées.
6. 1 c. à soupe (15 mL) de sauce Chili ou de ketchup.
7. 2 c. à thé (10 mL) de moutarde de Dijon.
8. 1 c. à thé (5 mL) de poudre de cari.
9. 1 c. à thé (5 mL) de cumin et le zeste de 1 citron.
10. 2 c. à soupe (30 mL) de jus de citron pour remplacer l'eau et 1/4 de c. à thé (1 mL) de thym.
11. 2 c. à soupe (30 mL) de vin rouge et 1 c. à thé (5 mL) d'origan.
12. 1 c. à thé (5 mL) de basilic, 1 c. à thé (5 mL) de coriandre en poudre ou en grains, 1 gousse d'ail hachée fin.

Comment garnir les pâtés après les avoir cuits.
1. Placer sur chacun 1 tranche de fromage de votre choix. Chauffer à « High » 40 secondes.
2. Saupoudrer 1/2 c. à thé (2 mL) de Parmesan râpé sur le dessus de chaque boulette, chauffer à « Medium High » 20 secondes.
3. Mettre 1 c. à thé (5 mL) de crème sure sur chaque pâté, saupoudrer de paprika et servir.
4. Saupoudrer chaque pâté de 1 c. à thé (5 mL) ou de 1 c. à soupe (15 mL) de mélange sec pour soupe à l'oignon. Chauffer 20 secondes à « High ».
5. Mettre sur chaque pâté 1/2 c. à thé (2 mL) de beurre mélangé avec 1/2 c. à thé (2 mL) de ciboulette fraîche.

Casserole de boeuf à la génoise
Cuisson aux micro-ondes

Je fais souvent cette casserole lorsque je transforme en boeuf haché 1 lb (500 g) de ma pièce de viande. I est important d'utiliser des nouilles fines.

1 lb (500 g) de boeuf haché

1½ tasse (400 mL) de nouilles fines, en bouts d'un pouce (2,5 cm)

1 oignon haché fin

1 tasse (250 mL) de céleri taillé en petits dés

2 tasses (500 mL) de jus de tomate

1 c. à thé (5 mL) de sucre

1 c. à thé (5 mL) de sarriette ou de thym

1/2 c. à thé (2 mL) de sel et autant de poivre

Mettre le boeuf haché dans un plat de cuisson de 4 tasses (1 L), parsemer sur la viande les nouilles, l'oignon et le céleri. Mélanger le jus de tomate et le reste des ingrédients. Verser sur la viande. Couvrir et cuire 10 minutes à « High ». Bien remuer le tout et cuire encore 10 minutes à « Medium ». Brasser, couvrir et laisser reposer 10 minutes. Servir avec un bol de fromage râpé.

Pain de boeuf au bacon
Cuisson aux micro-ondes

Un savoureux pain de viande, à mon avis l'un des meilleurs. Également bon chaud ou froid, cuit à la perfection au four à micro-ondes.

1 lb (500 g) de boeuf haché de votre choix

1 tasse (125 mL) de biscuits soda écrasés

1 oignon moyen émincé

2 oeufs battus

1/4 de tasse (60 mL) de crème légère ou riche

1 c. à thé (5 mL) de sel

1/4 de c. à thé (1 mL) de poivre et autant de muscade

1/2 c. à thé (2 mL) de thym et autant de quatre-épices

6 à 8 tranches de bacon

Mettre tous les ingrédients dans un bol, sauf le bacon. Bien mélanger et former en une grosse saucisse. Étendre les tranches de bacon les unes à côté des autres sur une feuille de papier ciré. Placer la viande au milieu des tranches de bacon. À l'aide du papier ciré, ramener les extrémités des tranches de bacon sur la viande. Répéter l'opération de l'autre côté. Bien former le tout en un gros boudin rond, ce qui est facile si vous le roulez quelque peu sur la table en le serrant avec le papier ciré.
Placer le rouleau dans un plat 8 sur 8 po (20 sur 20 cm), cuire à « High » de 11 à 12 minutes, jusqu'à ce que les tranches de bacon sur le dessus soient bien dorées. Retirer du plat avec une spatule large. Servir chaud ou froid.

Petites timbales de boeuf haché (photo page 32-33 en bas à droite)
Cuisson aux micro-ondes

Une timbale est un petit plat de verre (pyrex) ou de terre cuite ou de céramique. Les pâtés de boeuf haché cuits de cette façon sont élégants et faciles à préparer.

1 lb (500 g) de boeuf haché plutôt maigre	4 oignons verts hachés fin
1/2 tasse (125 mL) de crème légère	4 biscuits soda écrasés
1 oeuf légèrement battu	1/2 c. à thé (2 mL) de sel
1/2 tasse (125 mL) de gruau à cuisson rapide	1/4 de c. à thé (1 mL) de poivre
2 c. à soupe (30 mL) de céleri haché fin	1/2 c. à thé (2 mL) de thym ou d'estragon

Mettre tous les ingrédients dans un bol. Mélanger le tout avec le bout des doigts. Répartir également dans 6 à 8 moules beurrés de 6 oz chacun (170 g). Disposer les moules en cercle dans l'assiette du four. Couvrir le tout de papier ciré ou chacun des moules de papier de plastique. Cuire 5 minutes à « High ». Laisser reposer 5 minutes. Démouler dans un plat chaud ou individuellement sur des assiettes chaudes et recouvrir avec une sauce aux champignons pour timbales — voir chapitre des sauces.

Boulettes de viande au fromage « cottage »
Cuisson aux micro-ondes

Le beurre fondu ajouté à la viande fait de cette recette un plat de gourmet.

1 lb (500 g) de boeuf haché, maigre	1 c. à thé (5 mL) de sel
1/2 tasse (125 mL) de fromage « cottage »	3 oignons verts hachés fin
1 oeuf légèrement battu	1/2 c. à thé (2 mL) de thym
3 c. à soupe (50 mL) de beurre fondu	

Bien mélanger le tout sans trop écraser la viande. Former en 4 gros pâtés ou 6 moyens.
Préchauffer un plat à griller (Corning) pendant 4 minutes.
Saupoudrer les pâtés de paprika. Placer les pâtés dans le plat chaud sans le sortir du four, côté paprika touchant le fond du plat. Appuyer sur le dessus de chaque pâté pour obtenir un parfait contact. Cuire 6 minutes à « High », retourner les pâtés et laisser reposer (sans cuisson) 5 minutes dans le four. La chaleur interne des pâtés finit la cuisson. Servir.

Pain de viande de ménage
Cuisson aux micro-ondes

Vite préparé, bien aromatisé, aussi bon froid que chaud, ce pain de viande se conserve 1 semaine réfrigéré, bien couvert; il fait de plus d'excellents sandwichs avec des feuilles de laitue et quelques petits dés de céleri.

1/3 de tasse (80 mL) de chapelure fine

1 tasse (250 mL) de lait

1½ lb (750 g) de boeuf haché

2 oeufs, bien battus

1 c. à thé (5 mL) de sel

1/4 de c. à thé (1 mL) de poivre

1 c. à thé (5 mL) de sauge ou de sarriette

Garniture :
1 c. à soupe (15 mL) de cassonade
1/4 de tasse (60 mL) de ketchup
1/4 de c. à thé (1 mL) de muscade
1 c. à thé (5 mL) de moutarde sèche

Bien mélanger les 7 premiers ingrédients dans un moule à pain de pyrex ou de terre cuite.
Mélanger les ingrédients de la garniture, étendre sur le dessus de la viande. Couvrir avec du papier ciré.
Cuire 20 minutes à « Medium-High ». Servir chaud ou froid.

Pain de viande de Monique *(première photo verso en haut)*
Cuisson aux micro-ondes

Ce pain de viande vite fait était une des recettes favorites de ma fille Monique. Elle le servait entouré de coudes de macaroni mélangés avec du beurre, du persil frais et de la ciboulette.

2 lb (1 kg) de boeuf haché ou d'un mélange de porc, de veau et de boeuf

1 boîte de 10 oz (284 mL) de soupe aux légumes

1 oeuf

1/2 c. à thé (2 mL) de sel

1/4 de c. à thé (1 mL) de poivre

1/2 c. à thé (2 mL) de poudre d'ail

2 c. à soupe (30 mL) de fromage cheddar râpé

Placer tous les ingrédients dans un bol. Bien mélanger. Mettre dans un moule à pain de 9 sur 5 po (22,5 cm sur 12,5 cm).
Couvrir d'un papier plastique. Cuire 20 minutes à « Medium-High ». Servir chaud ou froid. Je le préfère froid.

Pain de viande florentin
Cuisson aux micro-ondes

Souvent le veau haché remplace le boeuf, car à Florence il est plus facile d'acheter du veau. L'une ou l'autre viande donne d'excellents résultats.

1½ lb (750 g) de boeuf haché

1 oeuf

1/2 tasse (125 mL) de chapelure fine

1/2 tasse (125 mL) de champignons frais tranchés mince

1 c. à soupe (15 mL) de farine d'avoine

1 oignon haché fin

1/2 tasse (125 mL) de tomates fraîches, non pelées, coupées en dés

1 c. à soupe (15 mL) de cassonade

2 c. à soupe (30 mL) de crème ou de lait

le zeste d'un citron

1 c. à thé (5 mL) de jus de citron

1 c. à thé (5 mL) de basilic

1/2 c. à thé (2 mL) de sel et autant de poivre

Mélanger tous les ingrédients dans un bol. Placer dans un moule à pain de verre. Saupoudrer généreusement de paprika. Cuire 20 minutes à « Medium-High ». Laisser reposer 10 minutes avant de servir.

Le veau

Le veau

Le veau est souvent nommé par les chefs le « Caméléon » de la cuisine. Sa viande s'accommode de tous les aromates : thym, estragon, romarin, sauge, orange et citron, tomate et vin blanc, pour n'en nommer que quelques-uns.

De toutes les nations, ce sont les Italiens qui mangent le plus de veau.

Il y a deux sortes de veau : le veau de lait et le veau d'herbe. Le veau de lait est « l'ultra », il fut nourri du lait de sa mère; sa chair est blanc rosé, son gras blanc ivoire. Il est de plus en plus difficile à trouver et son prix est élevé.

Le veau d'herbe, nourri de lait en poudre et dans de bons pâturages est plus rouge, sa viande est moins fine et il coûte moins cher.

Quelques points importants à se rappeler

- Éviter de congeler le veau, surtout le veau de lait, car il perd beaucoup de sa saveur et de son humidité.
- Ne pas conserver plus d'un ou deux jours avant de cuire le veau haché et les escalopes.
- Comme pour les autres viandes, le veau doit être mis à la température de la pièce avant d'être rôti aux micro-ondes.
- Pour un rôti parfait, aux micro-ondes, il faut éviter de trop le cuire. Il ne doit pas rôtir bien doré comme l'agneau et le boeuf, ce qui l'assèche. Il doit être légèrement doré et arrosé 2 à 3 fois pendant la cuisson.
- Il est important de placer les escalopes de veau entre deux papiers cirés avant de les battre avec le maillet à viande, ce qui empêche l'humidité de s'échapper de la viande.
- Les côtelettes de veau seront plus tendres et dorées si elles sont roulées dans de la farine additionnée de paprika et d'une herbe aromatique de votre choix, ensuite dorées dans l'huile bien chaude, de préférence au beurre, surtout lorsqu'il est possible d'utiliser de l'huile d'olive. Pour ce procédé, il faut utiliser un plat à griller pour micro-ondes.
- Le veau est bien cuit lorsqu'il atteint 170°F (96°C).
- Pour obtenir un rôti de veau parfait cuit aux micro-ondes, choisir un rôti de 3 lb (1,5 kg).
- L'ail, l'estragon ou le thym sont les arômes parfaits pour le rôti de veau. Toutes les sauces champignons, la sauce madère et la sauce tomate sont parfaites pour le veau. (Voir le chapitre des sauces).

Les coupes de veau

Le rôti de longe — se divise en deux parties : le rôti de côtes et le rôti de longe.

Le rôti de longe est la partie charnue de la longe complète qui contient l'os en T et le filet. Son prix est assez élevé parce qu'on le vend habituellement tranché en côtelettes sous le nom de côtelettes de longe. Elles contiennent le filet. Une très belle pièce de viande rôtie aux micro-ondes. Mais on doit la faire désosser et rouler.

Le rôti de côtes est la partie la moins charnue de la longe complète qui contient les côtes, mais n'a pas de filet. Elle est un peu moins chère. Il est préférable de la faire désosser et rouler. C'est ma coupe préférée pour braiser.

Le rôti d'épaule se vend désossé et roulé ou en côtelettes d'épaule. On l'utilise pour faire cuire des biftecks mijotés; coupé en dés, on en fait des ragoûts; roulé et attaché on le braise ou on le rôtit par convexion.

Le haut et le bas de cuisseau ou la ronde de veau — Le haut est plus tendre que le bas. On peut le rôtir ou le braiser. Le bas fait un bon rôti mijoté.

- Un bifteck de veau ou des escalopes de veau sont excellents taillés dans la partie centrale du cuisseau.

Les côtelettes de côtes sont coupées en forme triangulaire et contiennent l'os des côtes.

Le jarret de veau est une de mes pièces préférées pour braiser. Le cuire en ragoût ou le mijoter à « Medium » ou au Senseur.

La poitrine est le morceau voisin de l'épaule. Désossée et hachée, c'est à mon avis la meilleure viande de veau haché.

Rôti de veau Slovina
Cuisson par sonde thermométrique (« Probe » ou « Comb »)

Une manière polonaise de préparer le rôti de veau. Les légumes sont utilisés pour faire une sauce crémeuse avec le jus de la viande. Quelles que soient les indications données dans le manuel de votre four, sachez que je cuis ce rôti à « Beef Medium »; d'ailleurs la cuisson du veau n'est généralement pas expliquée quoiqu'il cuise très bien dans le four à micro-ondes, quelle que soit la méthode suivie.

4 tranches de bacon, coupées en bâtonnets

3 à 4 lb (1,5 à 2 kg) de longe ou de gigot désossé et roulé

1 c. à thé (5 mL) de sel

1/2 c. à thé (2 mL) de poivre

1 c. à thé (5 mL) de marjolaine ou de sarriette

1/4 de c. à thé (1 mL) de thym

3 c. à soupe (50 mL) de beurre mou

1 tasse (250 mL) d'oignons coupés en dés

1/2 tasse (125 mL) de carottes râpées

1/4 de tasse (60 mL) de céleri tranché mince

1/4 de tasse (60 mL) de crème de table

2 c. à thé (10 mL) de farine

1/2 tasse (125 mL) de consommé de boeuf ou de vin blanc

1/2 lb (250 g) de champignons tranchés mince

3 c. à soupe (50 mL) de persil émincé

Mettre les morceaux de bacon dans un petit plat, recouvrir d'eau chaude. Cuire au four à micro-ondes 3 minutes à « High ». Égoutter.

Faire 6 à 8 incisions dans la viande avec un couteau pointu. Farcir chaque incision avec un peu de bacon.

Mélanger le sel, le poivre, la marjolaine ou la sarriette et le thym avec le beurre en crème, en mettre un petit morceau dans les incisions de la viande et étendre sur le rôti. Mettre dans un plat de verre de 8 sur 13 po (20 sur 32,5 cm), ajouter les légumes et la crème, bien mélanger tout autour du rôti.

Insérer la sonde thermométrique dans le côté de la pièce de la viande, insérer l'autre partie dans le haut du four, placer sur la grille basse du four, programmer à « Comb » ou « Probe » et à « Beef Medium rare ». Mettre le four en marche, la sonde détermine le temps de cuisson et s'arrête automatiquement. Lorsque le rôti est cuit, enlever la sonde avec des mitaines, car elle est très chaude, et placer le rôti sur un plat et le garder au chaud.

Verser le jus et les légumes au fond du plat dans un robot culinaire ou un mixer. Mettre en crème.

Dans le plat de cuisson, mélanger la farine avec les résidus dans le plat. Ajouter le consommé de boeuf ou le vin blanc, bien mélanger, ajouter les champignons tranchés et le persil. Bien brasser et cuire 4 minutes à « High », en brassant à la mi-cuisson. Ajouter les légumes broyés, bien mélanger et cuire 3 minutes à « High ». Servir à part dans une saucière ou verser tout autour de la viande.

Rôti de cuisseau à la française
Cuisson par convexion

Le haut de cuisseau est plus tendre que le bas, mais attention, le haut est plus difficile à dépecer que le bas. Il y a deux points importants à considérer dans le rôtissage du veau : sa très faible proportion de gras et l'abondance de tissus musculaires. Pour cette raison le veau rôti doit être cuit lentement. Cuit à point, il sera rouge brun à l'extérieur et blanc gris à l'intérieur, et le jus coulera facilement dans le plat de service.

1 cuisseau de veau de 4 à 5 lb (2 à 2,5 kg)	2 c. à soupe (30 mL) de beurre
2 à 3 gousses d'ail pelées et coupées en deux	3 c. à soupe (50 mL) de margarine
1 c. à thé (5 mL) de sel	le zeste d'un demi-citron
1/2 c. à thé (2 mL) de poivre	2 c. à thé (10 mL) de moutarde sèche
1 c. à thé (5 mL) de thym ou d'estragon	1 à 2 oignons pelés et tranchés mince

Faire des incisions dans le cuisseau, y insérer les moitiés de gousses d'ail. Mélanger tous les autres ingrédients sauf les oignons.

Placer le rôti sur la grille basse et bien badigeonner du mélange la pièce de viande. Préchauffer le four à 350°F (180°C) avant d'y placer le rôti.

Mettre la plaque anti-éclaboussures dans le plat de céramique du four. Y placer une assiette à tarte et mettre la grille et la viande sur la plaque. (Consulter le manuel de votre four, pour la cuisson par convexion).

Rôtir 25 minutes par livre. Arroser 2 fois pendant la cuisson avec le jus accumulé dans l'assiette ou avec 1/4 de tasse (50 mL) de cognac.

Variante : Peler 6 pommes de terre moyennes et 6 oignons moyens. Badigeonner chacun de sauce « Kitchen Bouquet » et mettre sur la grille tout autour du rôti en même temps que celui-ci. Tout le dîner cuit en même temps, à la perfection.

Rôti de veau au romarin (photo page 48-49 recto)
Cuisson aux micro-ondes

Rôti tendre et juteux, légèrement rosé au milieu, tel qu'il doit être. Pour varier, on peut ajouter au jus de la viande, au moment de servir, une sauce aux champignons (voir au chapitre des sauces).

Sauce à badigeonner

1 c. à soupe (15 mL) d'huile d'olive ou de beurre fondu	1/2 c. à thé (2 mL) de sel
1 c. à thé (5 mL) de paprika	1 gousse d'ail, hachée fin
1 c. à thé (5 mL) de sauce « Kitchen Bouquet »	1 c. à thé (5 mL) de romarin
1/2 c. à thé (2 mL) de cassonade	un rôti de veau de côtes ou d'épaule, désossé et roulé de 3 à 4 lb (1,5 à 2 kg)
1/4 c. à thé (1 mL) de poivre	

Mélanger l'huile d'olive ou le beurre fondu avec le paprika, la « Kitchen Bouquet » et la cassonade. Écraser ensemble dans une assiette le sel, le poivre, l'ail et le romarin. Faire des incisions dans la pièce de viande, ici et là, avec la pointe d'un couteau. Remplir chacune avec le mélange.

Badigeonner le rôti avec le mélange d'huile. Mettre le rôti de préférence dans un plat de céramique de 8 sur 8 po (20 sur 20 cm) ou dans un plat de pyrex de mêmes dimensions. Recouvrir le tout de papier ciré. Rôtir 15 minutes à « High », retourner le rôti et l'arroser avec le jus. Continuer de rôtir à « Medium High », 10 minutes par livre (sans compter les 15 premières minutes). Retourner encore une fois le rôti à la mi-cuisson de « Medium High », bien l'arroser et continuer la cuisson.

Lorsqu'il est cuit, placer le rôti sur un plat chaud, recouvrir la viande de papier d'aluminium et laisser reposer dans un endroit chaud pendant 20 minutes. Si vous avez un thermomètre à viande, l'insérer dans la viande à travers le papier. Après quelques minutes, il devra enregistrer entre 160°F et 170°F (82°C et 87°C).

Pour faire une « sauce-jus », simplement ajouter au jus du plat de cuisson 1/2 tasse (125 mL) d'un liquide de votre choix : porto, madère, bouillon de poulet, thé froid ou vin rouge. Bien brasser et chauffer 2 minutes à « High ».

Veau braisé au citron
Cuisson aux micro-ondes

Cette pièce de veau braisée est pour moi « le printemps à Paris ». Elle est simple à faire, je l'ai depuis longtemps adaptée au four à micro-ondes. À Paris, on la sert avec des pommes de terre coupées en petits carrés et dorées au beurre, ensuite remuées avec beaucoup de persil et de ciboulette hachés fin et une simple salade de cresson.

2 c. à soupe (30 mL) d'huile d'olive ou végétale	1/2 c. à thé (2 mL) de poivre frais moulu
un morceau d'épaule de 3 lb (1,5 kg) roulé	1/2 c. à thé (2 mL) d'estragon
paprika	1 citron non pelé tranché mince
1 c. à thé (5 mL) de sel	1 grosse tomate coupée en petits dés
1/4 de c. à thé (1 mL) de macis	1/2 c. à thé (2 mL) de sucre

Chauffer un plat à griller pendant 7 minutes, y verser l'huile et chauffer 2 minutes à « High ». Bien essuyer la viande avec un essuie-tout. Placer dans l'huile chaude sans retirer le plat du four, la partie ayant du gras touchant le fond du plat.

Faire dorer 5 minutes à « High ». Retirer le rôti du plat, placer dans un plat de verre de 8 sur 13 po (20 sur 32,5 cm), la partie grasse dorée sur le dessus. Saupoudrer de paprika, puis de sel, de poivre, de macis et d'estragon. Recouvrir le dessus du rôti des tranches de citron. Placer les dés de tomate autour du rôti, saupoudrer de sucre. Bien couvrir avec un papier plastique. Cuire 20 minutes à « High ».

Bouger le plat pour déplacer le jus au fond du plat, mais ne pas découvrir la viande. Remettre au four à micro-ondes et cuire 35 minutes à « Medium ». Laisser reposer 20 minutes dans un endroit chaud avant de servir.

Retirer les tranches de citron. Mettre le jus du rôti dans un bol, y ajouter 2 c. à soupe (30 mL) de crème ou de madère. Bien mélanger et chauffer 2 minutes à « High ».

Veau dans le chaudron (photo page 48-49 verso en bas)
Cuisson aux micro-ondes

Une vieille recette du Québec que j'aime beaucoup. Un jour je me suis demandé ce que la recette adaptée au four à micro-ondes pourrait donner. À ma grande surprise, elle y gagnait en perfection.

3 c. à soupe (50 mL) d'huile végétale ou de gras de bacon	1/4 de c. à thé (1 mL) de poivre
2 gousses d'ail coupées en deux	1/2 c. à thé (2 mL) de thym
3 à 4 lb (1,5 à 2 kg) d'épaule ou de cuisseau de veau désossé et roulé	1/4 de c. à thé (1 mL) de sarriette
1 c. à soupe (15 mL) de sauce « Kitchen Bouquet »	1 feuille de laurier
	6 pommes de terre moyennes pelées
1 c. à thé (5 mL) de sel	6 oignons moyens pelés et entiers

Chauffer l'huile ou le gras de bacon 5 minutes à « High », dans une casserole de céramique de 8 tasses (2 L). Badigeonner le morceau de veau avec la sauce « Bouquet ». Placer la viande dans le gras chaud. Cuire 8 minutes à « High ».

Rôti de veau au romarin (p. 47) →

Retourner la pièce de viande. Saupoudrer le dessus de sel, de poivre, de thym, de sarriette et de laurier. Placer autour les pommes de terre et les oignons. Couvrir et cuire 40 à 50 minutes à « Medium » ou jusqu'à ce que la viande soit tendre.

L'épaule est un peu plus longue à cuire que le cuisseau.

Note : Il n'y a pas de liquide à ajouter à cette recette. La viande cuite de cette manière donne assez de jus pour faire sa propre sauce. Il arrive parfois que certains morceaux de veau dégagent plus d'humidité que d'autres. Si à la fin de la cuisson il y a trop de jus, simplement transférer le rôti sur un plat chaud, entouré des pommes de terre et des oignons. Garder au chaud. Remettre la casserole au four à micro-ondes, sans la couvrir. Bouillir le jus de 3 à 6 minutes à « High » ou jusqu'à consistance légèrement crémeuse. Servir dans une saucière.

Fricassée de veau aux boulettes de pâte
Cuisson aux micro-ondes

Les boulettes de pâte cuites au four à micro-ondes sont légères et vite cuites.

1/3 de tasse (80 mL) de farine

1 c. à thé (5 mL) de sel

1/4 de c. à thé (1 mL) de poivre

2 lb (1 kg) d'épaule de veau, en carrés

3 c. à soupe (50 mL) d'huile végétale ou de beurre

1 tasse (250 mL) de céleri, en dés

6 petites carottes entières

ou

1 tasse (250 mL) de carottes tranchées minces

2½ tasses (625 mL) d'eau chaude ou de bouillon de poulet

Les boulettes :

1½ tasse (400 mL) de farine

1 c. à thé (5 mL) de persil émincé

1/2 c. à thé (2 mL) de sarriette

2 c. à thé (10 mL) de poudre à pâte

1/2 c. à thé (2 mL) de sel

2/3 de tasse (160 mL) de lait

1 oeuf

2 c. à soupe (30 mL) d'huile végétale

Mélanger la farine, le sel et le poivre. Rouler les carrés de viande dans ce mélange. Chauffer 3 minutes à « High » dans un plat de 8 tasses (2 L).

Chauffer l'huile végétale ou le beurre. Verser les carrés de viande dans le gras chaud, cuire 2 minutes à « High », bien brasser, cuire 2 autres minutes à « High ». Ajouter le céleri et les carottes. Bien brasser, ajouter l'eau ou le bouillon de poulet. Couvrir et cuire 40 minutes à « Medium », ou jusqu'à ce que la viande soit tendre. Brasser 2 fois pendant la cuisson.

Préparer les boulettes comme suit :

Mettre dans un bol la farine, le persil, la sarriette, la poudre à pâte et le sel.

Dans un autre bol mettre ensemble le lait, l'oeuf et l'huile. Ne mélanger le tout qu'au moment d'ajouter au jus de cuisson du veau. Retirer les morceaux de viande du jus, garder dans un endroit chaud.

Mélanger les deux bols d'ingrédients juste ce qu'il faut ; trop brassées, les boulettes sont moins légères.

Verser ensuite à la cuiller dans le bouillon tout autour du plat et au milieu.

Couvrir et cuire 6 minutes à « High ». Les boulettes sont cuites lorsque leur surface devient mate.

Mettre autour du veau et verser la sauce sur le tout.

← En haut à gauche : Jarret de veau « Osso Bucco » (p. 52)
← En haut à droite : Cervelle de veau au beurre noir (p. 53)
← En bas : Veau dans le chaudron (p. 48)

Escalopes de veau aux tomates
Cuisson aux micro-ondes

Je prépare cette recette soit avec des escalopes de veau, taillées dans la partie centrale du cuisseau (voir note sur les coupes) soit avec des côtelettes de veau d'un pouce d'épaisseur (2,5 cm). Servir avec nouilles mélangées d'oignons frits ou persillées, ou avec pommes de terre en purée.

1/4 de tasse (60 mL) d'huile végétale	1/2 c. à thé (2 mL) de sel
1 gousse d'ail hachée fin	1/4 de c. à thé (1 mL) de poivre
4 à 6 petites escalopes de veau ou autant de côtelettes	1/2 c. à thé (2 mL) de basilic
	1 boîte de 7½ onces (213 mL) de sauce tomate
1/2 c. à thé (2 mL) de paprika	1/2 tasse (125 mL) d'eau ou de vermouth blanc
2 oignons moyens tranchés mince	
2 c. à soupe (30 mL) de farine	

Préchauffer un plat à griller (Corning) 7 minutes à « High ». Ajouter l'huile, chauffer 2 minutes à « High ».
Frotter un côté des escalopes de veau avec le paprika. Placer dans l'huile chaude, le côté paprika touchant le fond (ne pas retirer le plat du four), tapoter chaque pièce de viande du bout des doigts (pour un parfait contact avec le plat). Cuire à « High » 3 minutes. Retourner, ajouter l'ail et les oignons, cuire 1 minute à « High », retirer les côtelettes ou escalopes du plat, ajouter au gras la farine, le sel, le poivre, le basilic et bien brasser. Ajouter la sauce tomate, l'eau ou le vermouth blanc, bien mélanger le tout. Cuire à « High » 4 minutes, bien brasser. Ajouter le veau, partie dorée sur le dessus; bien vous assurer que le dessous des escalopes baigne dans la sauce. Cuire 3 minutes à « Medium » et servir.

Côtelettes de veau panées *(photo page 96-97 recto)*
Cuisson aux micro-ondes

Préparées de cette manière, vos côtelettes seront dorées et croustillantes. Je les retire du réfrigérateur 1 heure avant de les cuire. Je les pane et les laisse en attente sur un papier absorbant pendant 30 minutes. Je préfère les désosser, mais on peut les cuire aussi avec leur os.

4 à 6 côtelettes de longe de veau d'un pouce (2,5 cm) d'épaisseur	2 c. à soupe (30 mL) de lait
	2/3 de tasse (160 mL) de chapelure fine
3 c. à soupe (50 mL) de farine	1/2 c. à thé (2 mL) de romarin ou d'estragon
1 c. à thé (5 mL) de paprika	2 c. à soupe (30 mL) de beurre
1 oeuf battu	

Mélanger la farine et le paprika dans une assiette. Rouler chaque côtelette dans ce mélange, pour bien les enrober. Battre l'oeuf et le lait dans une grande assiette. Dans une autre assiette, mélanger le romarin ou l'estragon et la chapelure. Rouler chaque côtelette dans le mélange de lait et ensuite dans la chapelure avec les herbes. Laisser reposer 1 heure.
Chauffer le plat à griller 7 minutes à « High ». Ajouter le beurre qui brunit très vite. Mettre une côtelette à la fois dans le plat, pressant bien sur chaque côtelette afin d'assurer un parfait contact avec le beurre

chaud. Faire ce travail sans retirer le plat du four à micro-ondes. Cuire 3 minutes à « High » et 3 minutes à « Medium ».

Retourner les côtelettes et laisser reposer 10 minutes à la chaleur du four, sans cuisson. Servir avec une sauce de votre choix (voir chapitre des sauces).

Veau printanier
Cuisson aux micro-ondes

Un morceau d'épaule de veau mijoté jusqu'à parfaite cuisson, dans une sauce blanche légère. Ce plat fait partie du répertoire d'antan du Québec.

- **2 c. à soupe (30 mL) de gras de veau ou de beurre**
- **2 lb (1 kg) d'épaule de veau coupée en petits morceaux**
- **1 c. à thé (5 mL) de paprika**
- **3 c. à soupe (50 mL) de beurre**
- **3 c. à soupe (50 mL) de farine**
- **3 tasses (750 mL) de lait**
- **1/2 c. à thé (2 mL) de thym**

- **1 feuille de laurier**
- **1/4 de c. à thé (1 mL) de marjolaine**
- **1/2 lb (250 g) de champignons tranchés mince**
- **10 à 12 petits oignons blancs pelés et entiers**
- **2 carottes taillées en tranches minces**
- **1 tasse (250 mL) de petits pois frais ou surgelés**

Chauffer les 2 c. à soupe (30 mL) de gras ou de beurre pendant 3 minutes à « High », dans une casserole de céramique de 6 tasses (1,5 L). Le beurre doit être doré; si nécessaire ajouter 1 minute de cuisson. Saupoudrer de paprika les carrés de viande, placer dans le beurre doré, brasser et cuire 5 minutes à « High ».

Faire la sauce blanche dans une mesure de 4 tasses (1 L). Mettre le beurre dans la tasse, chauffer 2 minutes à « High », ajouter la farine et bien mélanger le tout. Ajouter le lait, mélanger, cuire 2 minutes à « High », brasser, cuire 2 autres minutes à « High », brasser, et continuer ainsi jusqu'à l'obtention d'une sauce blanche légère. Saler et poivrer au goût et ajouter le thym, le laurier et la marjolaine. Bien mélanger. Verser sur les carrés de viande, mélanger, couvrir et cuire 8 minutes à « High ».

Ajouter les champignons, oignons, carottes et petits pois.* Bien mélanger le tout. Couvrir et cuire 35 à 40 minutes à « Medium ». Servir avec riz persillé ou petites nouilles et un plat de fromage râpé que chacun utilise à son goût.

Les petits pois surgelés sont tout aussi bons que les pois frais lorsqu'ils sont apprêtés de cette manière.

Jarret de veau « Osso Bucco »
Cuisson aux micro-ondes

(photo page 48-49 verso en haut à gauche)

Méthode italienne pour cuire les jarrets de veau, gage de saveur, facile à préparer et économique. Servir avec un plat de riz à grain long persillé.

5 à 6 morceaux de jarret de veau de 2 po (5 cm) chacun

1/2 tasse (125 mL) de farine grillée

1/3 de tasse (80 mL) d'huile végétale ou d'olive

2 oignons moyens hachés fin

1/2 tasse (125 mL) de céleri coupé en dés

1/2 tasse (125 mL) de champignons tranchés frais ou en conserve

3 c. à soupe (50 mL) de persil émincé

1 grosse carotte râpée

2 gousses d'ail hachées fin

1 c. à thé (5 mL) d'origan ou de basilic

1/2 tasse (125 mL) de vin ou de vermouth blanc

1 boîte de 19 onces (540 mL) de tomates

le zeste d'un citron

1 tasse (250 mL) de bouillon de poulet

1/2 c. à thé (2 mL) de sucre

Rouler chaque morceau de jarret dans la farine grillée.
Chauffer l'huile dans un caquelon de céramique de 8 tasses (2 L) 5 minutes à « High ». Y placer les morceaux de viande, les uns à côté des autres, sans couvrir; faire dorer 5 minutes à « High ». Retourner les morceaux de viande. Ajouter le reste des ingrédients. Couvrir et cuire 1 heure à « Medium », en retournant les morceaux de viande deux fois pendant la cuisson. Quand ils sont cuits, retirer les morceaux de viande du caquelon et les garder au chaud. Continuer de cuire la sauce de 8 à 10 minutes à « High » ou jusqu'à ce qu'elle devienne bien onctueuse. Napper de sauce les morceaux de viande.

Pain de veau rosé
Cuisson aux micro-ondes

Si votre four est muni d'un « Auto-Senseur » (Sensor) ou d'un « Insta-Matic », programmer votre four tel que l'indique votre manuel. Le four décidera du temps de cuisson. Pour la cuisson selon cette méthode il est important de recouvrir le moule d'un papier de matière plastique.

1½ lb (750 g) de veau haché

1 oeuf légèrement battu

1/2 tasse (125 mL) de pain sec écrasé

1/3 de tasse (80 mL) de sauce Chili

1/2 tasse (125 mL) d'oignon haché fin

2 gousses d'ail, hachées fin

1 c. à thé (5 mL) de thym ou d'estragon

le zeste d'un citron

1/2 c. à thé (2 mL) de sel

1/4 de c. à thé (1 mL) de poivre

1/4 de c. à thé (1 mL) de muscade ou de macis

Mélanger tous les ingrédients, excepté la muscade ou le macis, dans un bol; bien malaxer. Tasser dans un moule de 8 sur 4 po (20 sur 10 cm). Saupoudrer de muscade ou de macis. Recouvrir de papier ciré. Cuire à « Medium High » de 20 à 22 minutes. Laisser reposer 10 minutes avant de servir, ou refroidir bien couvert et réfrigérer 12 heures avant de servir.

Cervelle de veau au beurre noir

Cuisson aux micro-ondes

(photo page 48-49 verso en haut à droite)

Plat très facile à préparer au four à micro-ondes, reconnu comme plat favori des gourmets amateurs. Quelques belles câpres marinées au vinaigre constituent la seule garniture requise.

3 à 4 belles cervelles de veau

3 tasses (750 mL) d'eau froide

3 c. à soupe (50 mL) de vinaigre de votre choix

2 feuilles de laurier

2 gousses d'ail entières

1 c. à thé (5 mL) de sel

10 grains de poivre noir

2 tasses (500 mL) d'eau chaude

3 c. à soupe (50 mL) de beurre

1 c. à soupe (15 mL) de persil émincé

1 c. à thé (5 mL) de câpres dans le vinaigre

Tremper les cervelles 1 heure dans l'eau froide et le vinaigre. Égoutter et enlever les veines rouges et les petites taches noires sur le dessus des cervelles (très facile à faire). Mettre dans un plat propre avec le laurier, l'ail, le sel, les grains de poivre et l'eau chaude. Couvrir et cuire 4 minutes à « High ». Laisser reposer dans l'eau de cuisson 2 minutes, égoutter et placer sur un plat chaud.
Mettre le beurre dans un plat de céramique. Chauffer à « High » de 3 à 5 minutes ou jusqu'à ce que le beurre soit d'un beau brun foncé. Il est important de surveiller ce temps de cuisson de près, car chaque marque de beurre réagit différemment à la chaleur. Ajouter le persil et les câpres. Verser bien chaud sur les cervelles et servir.

Pâté de foie gras maison

Cuisson par convexion

Particulièrement bon, s'il est fait de foie de veau. Lorsqu'il est difficile à obtenir ou trop cher, utiliser moitié foie de veau, moitié foie d'agneau ou de boeuf. Se conserve de 8 à 15 jours, réfrigéré, bien couvert.

1 lb (500 g) de foie de veau ou de boeuf ou d'agneau ou d'un mélange des deux

1/2 lb (250 g) de porc haché

1 enveloppe de soupe à l'oignon (mélange sec)

2 oeufs

1½ tasse (375 mL) de crème de table

1 c. à thé (5 mL) de poivre

2 c. à thé (10 mL) de sel

1 tasse (250 mL) de farine

4 à 5 feuilles de laurier

4 tranches de bacon (facultatif)

Hacher fin le foie de veau, de boeuf ou d'agneau et le porc, soit au hache-viande, soit 40 secondes au robot culinaire.
Ajouter le reste des ingrédients, excepté les tranches de bacon. Bien mélanger le tout pour obtenir un mélange en crème. Tapisser le fond d'un moule à pain de verre (pyrex) avec 2 tranches de bacon. Remplir le moule avec le mélange du foie. Recouvrir avec les deux autres tranches de bacon. Préchauffer le four par convexion à 350°F (180°C). Mettre le plat sur la grille basse. Cuire 1 heure et 20 minutes ou jusqu'à ce que le dessus soit bien doré. Refroidir, couvrir et réfrigérer 24 heures avant de servir.

Foie de veau à la vénitienne

Cuisson aux micro-ondes

Je n'ai pas encore rencontré une personne qui n'aime pas le foie de veau. Repas parfait, accompagné de pommes de terre en purée et d'une salade d'endives ou de salade Boston bien croustillante.

1 lb (500 g) de foie de veau

3 c. à soupe (50 mL) de beurre

2 tasses (500 mL) d'oignons tranchés mince

1 c. à thé (5 mL) de sel

1/4 de c. à thé (1 mL) de poivre

2 c. à soupe (30 mL) de vin blanc ou de madère ou de jus de citron

1 c. à soupe (15 mL) de persil émincé

Trancher le foie de veau aussi mince que possible et ensuite, tailler chaque tranche en petits bâtonnets. Préchauffer un plat à griller (Corning) 7 minutes, y fondre le beurre, sans sortir le plat du four. Ajouter les oignons, bien mélanger et cuire à « High » 3 minutes. Saler, poivrer. Ajouter les bâtonnets de foie de veau, brasser, cuire 2 minutes à « High », bien brasser et cuire 2 autres minutes à « High ».

Ajouter le vin blanc ou le madère ou le jus de citron ainsi que le persil et cuire 1 minute à « High ». Bien brasser et servir.

L'agneau

L'agneau

Tout comme pour le boeuf, il est important de bien connaître les coupes d'agneau. En plus, il faut savoir quelle cuisson appliquer aux différentes pièces pour obtenir de parfaits résultats.
Couleur et texture en disent beaucoup. Le gras d'un jeune agneau de qualité est ferme, lisse, tendre, d'un blanc légèrement rosé. La chair est ferme au toucher, c'est-à-dire jamais molle ou dure. Les os sont poreux et rosés.
Le poids d'un gigot est presque toujours une bonne indication de sa qualité. « Parfait », il pèsera de 4 à 5 lb (2 à 2,5 kg). Déjà à 7 lb (3,5 kg), il est trop gras et la saveur de sa chair ne sera pas aussi délicate ni sa chair aussi tendre.

Les coupes

La carcasse est coupée en deux portions égales en travers du dos. Le quartier avant donne l'extrémité du cou, le quartier arrière, le gigot.

Morceaux du quartier avant

Le cou, coupé juste avant l'épaule, généralement de 1 pouce (2,5 cm). Sa chair tendre et savoureuse fait d'excellentes casseroles, soupes, etc.
L'épaule est la partie des pattes de devant de l'agneau (les pattes de derrière donnent le gigot).
On coupe l'épaule en biftecks à os rond et à os long. On la désosse; elle est roulée pour en faire un rôti ou laissée entière, sans os, et marinée, ce qui donne aussi un rôti; coupée en carrés on en fait de délicieux ragoûts, ou on la passe au hachoir pour obtenir de l'agneau haché.
Les jarrets d'épaule sont les deux pattes de devant de l'agneau. On les mijote ou on en fait d'excellentes casseroles.

Morceaux du quartier arrière

Du quartier arrière, on obtient les carrés d'agneau et les côtelettes de longe. Ce sont les deux pièces les plus appréciées.
La longe entière comprend les côtelettes de longe et de côtes de longe d'une seule pièce, ce qui donne de 12 à 14 côtes. C'est une pièce de luxe.
Le gigot peut être coupé en deux, ce qui donne le rôti du jarret arrière, généralement plus petit que celui du haut du gigot; l'un et l'autre sont aussi tendres. La partie du haut est plus riche en viande et son coût de revient est donc plus élevé.

La cuisson du gigot

L'agneau est une viande rouge, tout comme le boeuf. On doit donc la cuire saignante ou à point (medium); toutefois, la viande d'agneau bien cuite n'est jamais aussi bonne, ni aussi tendre. Pour une cuisson parfaite, vérifier la cuisson avec un thermomètre à viande (ne pas laisser le thermomètre dans la pièce de viande pendant la cuisson). Vérifier la température et retirer le thermomètre.
145°F (63°C) au thermomètre donne un rôti saignant.
155°F (68°C) au thermomètre donne un rôti à point.
On peut rôtir les pièces d'agneau :
- Aux micro-ondes
- Avec la sonde thermométrique
- Par convexion
- Par Auto-Senseur (Sensor)
- En établissant la durée et l'intensité de la cuisson en fonction de leur poids.
Évidemment, certains fours sont dotés de plusieurs de ces méthodes de cuisson, d'autres n'en ont qu'une ou deux. Voilà qui souligne une fois de plus l'importance de bien lire le manuel de son four avant de l'utiliser, de manière à bien connaître toutes ses possibilités.

Les coupes

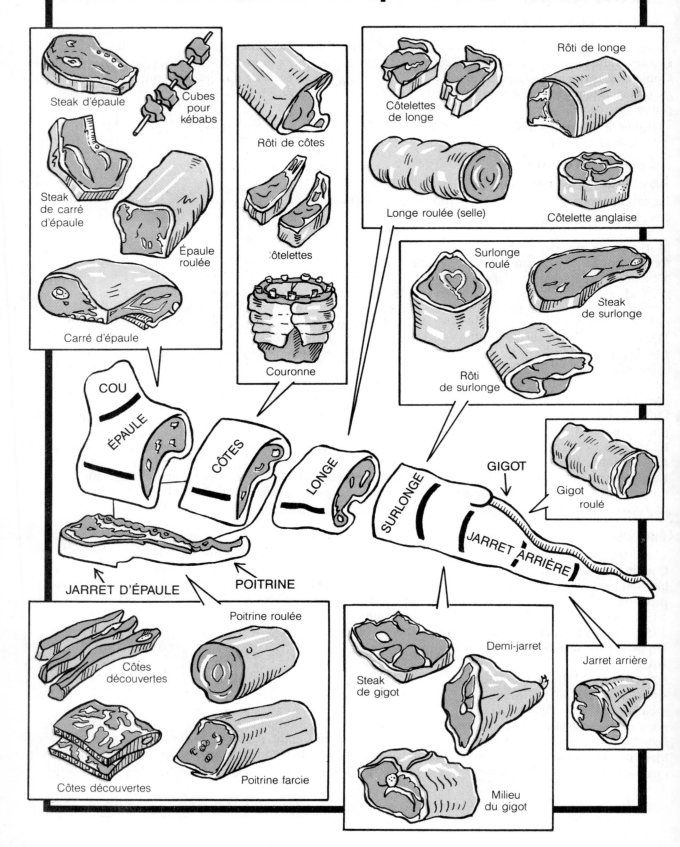

Steak d'épaule

Cubes pour kébabs

Steak de carré d'épaule

Épaule roulée

Carré d'épaule

Rôti de côtes

ôtelettes

Couronne

Côtelettes de longe

Rôti de longe

Longe roulée (selle)

Côtelette anglaise

Surlonge roulé

Steak de surlonge

Rôti de surlonge

Gigot roulé

COU

ÉPAULE

CÔTES

LONGE

SURLONGE

GIGOT

JARRET ARRIÈRE

JARRET D'ÉPAULE

POITRINE

Côtes découvertes

Poitrine roulée

Côtes découvertes

Poitrine farcie

Steak de gigot

Demi-jarret

Jarret arrière

Milieu du gigot

Mon gigot d'agneau du dimanche
Cuisson aux micro-ondes

Ma mère servait souvent un rôti d'agneau, qui faisait le bonheur de tous à table. Notre préféré était celui qu'elle présentait comme « son gigot d'agneau du dimanche ». Je l'ai adapté à la cuisson aux micro-ondes avec succès.

1 gigot d'agneau de 4 à 5 lb (2 à 2,5 kg), désossé et roulé

1 gousse d'ail écrasée

2 c. à thé (10 mL) de racine de gingembre frais, râpée

1 c. à thé (5 mL) de paprika

1/4 de c. à thé (1 mL) de poivre

1 c. à soupe (15 mL) d'huile végétale

le jus et le zeste d'un citron

1/2 tasse (125 mL) de chapelure fine

Mettre le gigot sur un plat. Mélanger le reste des ingrédients, moins la chapelure, jusqu'à l'obtention d'une pâte claire. Verser sur le gigot. Couvrir d'un papier ciré et mariner de 4 à 5 heures, à la température de la pièce.
Pour rôtir le gigot, une fois le temps de marinage écoulé, le placer sur une grille pour micro-ondes, dans un plat de verre de 12 sur 8 po (30 sur 20 cm). Saupoudrer la face grasse du rôti de chapelure fine. Verser tout autour le jus de la marinade qui reste dans le plat. Recouvrir d'une bande de papier d'aluminium le bout de l'os pour éviter que la viande autour de l'os ne s'assèche pendant la cuisson. Rôtir à « High » 10 minutes, réduire la chaleur à « Medium » et rôtir de 8 à 10 minutes par livre (500 g), selon que vous désirez un rôti saignant ou à point.
Après la cuisson, placer le rôti sur un plat de service chaud. Recouvrir et laisser reposer 15 minutes. Pendant ce temps, faire la sauce en ajoutant au jus qui reste dans le plat 1/2 tasse (125 mL) de café froid ou de vin rouge ou 1/4 de tasse (60 mL) de madère ou de « Brandy Blanc ». Bien mélanger le tout. Chauffer 3 minutes à « High ». Verser dans une saucière.

Gigot d'agneau au romarin
Cuisson par convexion

Le romarin et le basilic sont sans contredit les deux herbes qui donnent le plus de saveur à une pièce d'agneau rôtie. En Italie, on combine le romarin et l'ail.

1 gigot d'agneau de 4 à 5 lb (2 à 2,5 kg)

1 c. à thé (5 mL) de poivre frais moulu

1 c. à thé (5 mL) de gingembre frais râpé

2 c. à thé (10 mL) de romarin

1 c. à thé (5 mL) de basilic

1 c. à soupe (15 mL) d'huile végétale

1/4 de tasse (60 mL) de chapelure fine

Préchauffer la partie convexion de votre four à micro-ondes à 375°F (190°C) (voir la manière de procéder dans le manuel de votre four).
Mettre la plaque anti-éclaboussures dans l'assiette du four, y placer la grille basse, placer une assiette à tarte sous la grille. Mélanger tous les ingrédients, en badigeonner le dessus du rôti, placer sur la grille.

Préchauffer votre four à 375°F (190°C). Rôtir 5 minutes par livre pour un rôti saignant et 15 minutes par livre si vous le désirez medium. Laisser reposer 15 minutes dans un endroit chaud, avant de servir. Au jus dans l'assiette, ajouter 1/3 de tasse (80 mL) de vin rouge ou de consommé de poulet. Bien gratter l'assiette et écraser les petits morceaux caramélisés. Chauffer 1 minute à « High ». Verser dans une saucière.

Gigot d'agneau glacé à l'anglaise
Cuisson par sonde thermométrique (« Comb » ou « Probe ») *(photo page 64-65 recto)*

L'épaule d'agneau désossée et roulée peut être préparée et cuite de la même manière que ce gigot. Pour la cuisson avec la sonde thermométrique (« Comb. » ou « Probe ») il suffit de préparer la viande, d'insérer la sonde dans la viande et dans le haut du four. Indiquer la cuisson désirée, soit « Medium Rare » pour le gigot et « Medium » pour l'épaule; le four détermine le temps de cuisson et s'arrête de lui-même une fois le rôti cuit selon les indications programmées.

1 demi-gigot ou un gigot entier	**1/4 de tasse (60 mL) de beurre mou**
OU	**1/4 de tasse (60 mL) de menthe fraîche hachée fin**
1 épaule désossée et roulée	
le zeste râpé d'une orange	**1 c. à thé (5 mL) de paprika**
le jus de 2 oranges	**1/4 de c. à thé (1 mL) de poivre**
le jus d'un citron	

Placer la pièce de viande dans un plat de verre de 9 sur 13 pouces (22,5 cm sur 32,5 cm). Mélanger le reste des ingrédients. Verser sur la pièce de viande. Envelopper le bout du gigot avec un morceau de papier d'aluminium. Insérer la sonde thermométrique (Comb ou Probe) dans le côté du rôti (lire les directives données dans le manuel de votre four), insérer l'autre bout dans la prise du four. Indiquer la cuisson désirée. Arroser la viande deux fois pendant la période de cuisson.

Note : Placer le rôti prêt à cuire sur la grille basse incluse dans les accessoires de votre four.

- Pour faire la sauce, retirer le rôti cuit sur un plat chaud. Au jus accumulé dans le plat, ajouter 1/3 de tasse (80 mL) de thé froid. Bien brasser, tout en écrasant les petits morceaux caramélisés, ce qui donne couleur et saveur à la sauce. Chauffer 2 minutes à « High ».

Gigot madère à la portugaise
Cuisson aux micro-ondes

La combinaison de madère, d'ail et de zeste de citron donne une saveur très spéciale au gigot. Accompagner d'un riz à grain long bouilli avec carottes râpées, petits pois et oignons verts coupés en dés.

1/4 de tasse (60 mL) de madère ou de sherry sec

1 c. à soupe (15 mL) de paprika

2 c. à soupe (30 mL) de sauce « Kitchen Bouquet »

2 c. à soupe (30 mL) d'huile végétale

2 gousses d'ail émincées

le zeste d'un citron

1 gigot d'agneau de 3 à 4 lb (1,5 à 2 kg) désossé et roulé

ou

1 épaule d'agneau de 3 à 4 lb (1,5 à 2 kg) roulée

Mélanger les 6 premiers ingrédients dans une tasse à mesurer en verre. Chauffer 2 minutes à « Medium High ».
Placer le rôti sur une grille pour micro-ondes, mettre dans un plat de verre de 12 sur 8 po (30 sur 20 cm). Badigeonner le rôti de tous les côtés avec le mélange chaud. Cuire à « High » 8 minutes, bien arroser la viande avec le jus, au fond du plat. Rôtir 10 minutes par livre (500 g) à « Medium-High ». La cuisson terminée, placer sur un plat chaud, couvrir et laisser reposer 15 minutes.
Pour faire la sauce, ajouter au jus dans le fond du plat 1/3 de tasse (80 mL) de consommé ou de crème ou de café. Bien mélanger. Chauffer 1 minute à « High » au moment de servir.

Petites boulettes d'agneau (photo page 64-65 verso en bas)
Cuisson aux micro-ondes

Diviser le mélange en petites boulettes pour les servir chaudes comme amuse-gueule ou diviser le même mélange en quatre pâtés pour servir comme pâtés de viande.

1 lb (500 g) d'agneau haché

1/4 de tasse (60 mL) de sauce de soja*

1 gousse d'ail hachée fin

1 c. à soupe (15 mL) d'huile végétale

1/3 de tasse (80 mL) de sauce aux prunes orientale

Bien mélanger dans un bol l'agneau haché, la sauce de soja et l'ail. Former en petites boulettes ou en quatre pâtés, selon la manière que vous désirez les servir.
Chauffer l'huile végétale 3 minutes à « High », dans un plat de céramique. Saupoudrer les boulettes ou les pâtés de paprika. Verser ou placer dans l'huile chaude. Cuire les boulettes à « High » 5 minutes en brassant 2 fois. Cuire les pâtés 3 minutes à « High », retourner et cuire 2 minutes à « High ».
Ajouter aux boulettes la sauce aux prunes, brasser le plat pour bien les remuer et les enrober de sauce. Chauffer à « High » 2 minutes, brasser et servir.
Pour les pâtés, les badigeonner de sauce aux prunes, arroser avec un peu du jus accumulé au fond de la casserole. Couvrir d'un papier ciré et cuire à « Medium » 3 minutes. Servir.

* La sauce de soja japonaise a un arôme plus délicat que la sauce chinoise, mais on peut utiliser l'une ou l'autre.

Épaule d'agneau pochée et glacée
Cuisson aux micro-ondes

Le glaçage à la gelée de menthe ou de cassis donne une saveur spéciale à cette pièce de viande. On peut aussi la servir sans la glacer.

Une épaule d'agneau roulée de 2 à 3 lb (1 à 1,5 kg)

1/4 de tasse (60 mL) de beurre ou de margarine

2 gousses d'ail, hachées fin

1 c. à thé (5 mL) de thym

1 c. à soupe (15 mL) de farine

1 c. à thé (5 mL) de sel

1/4 de c. à thé (1 mL) de poivre

le zeste d'un citron

1 c. à soupe (15 mL) de jus de citron

1/2 tasse (125 mL) de gelée de menthe ou de cassis

Mettre en crème le beurre ou la margarine, l'ail, le thym, la farine, le sel, le poivre et le zeste de citron. Badigeonner la pièce de viande de ce mélange. Mettre dans un plat de verre de 8 sur 12 po (20 sur 30 cm). Couvrir avec un papier ciré et réfrigérer de 4 à 5 heures.
Laisser sur le comptoir de la cuisine pendant une heure, après la réfrigération.
Ne pas enlever le liquide qui peut s'accumuler au fond du plat. Bien recouvrir avec un papier de plastique. Cuire à « High » 15 minutes, réduire l'intensité à « Medium » et cuire 50 minutes. Retourner la pièce de viande et laisser reposer 20 minutes dans le jus.
Pour glacer : Retirer la viande du plat de cuisson. Ajouter au jus de la casserole le jus de citron et la gelée de menthe ou de cassis. Bien brasser. Ne pas couvrir, cuire à « High » de 2 à 4 minutes ou jusqu'à ce que le jus épaississe; brasser 2 fois pendant la cuisson.
Verser sur la pièce de viande et l'arroser de ce jus 7 à 8 fois. Si nécessaire, réchauffer le rôti 3 minutes à « Medium ».
Servir chaud avec un riz bouilli garni de petits pois.

Pain de viande à l'agneau
Cuisson aux micro-ondes

On peut servir ce pâté chaud, mais il est particulièrement bon froid. Lorsqu'il est cuit, le recouvrir d'un papier ciré et mettre un poids sur le papier. J'ai une brique que je garde pour ce genre de travail. Placer la brique ou un objet lourd sur le papier ciré et laisser refroidir, réfrigérer jusqu'au moment de servir.

1½ lb (750 g) d'agneau haché

1½ tasse (375 mL) de riz cuit

1/2 tasse (125 mL) de jus de tomate

2 oeufs légèrement battus

2 gousses d'ail émincées

1 c. à thé (5 mL) de sel

1/2 c. à thé (2 mL) de sucre

1 petit oignon haché fin

2 c. à soupe (30 mL) de sauce Chili

4 tranches de bacon

Mélanger tous les ingrédients, excepté le bacon. Mettre dans un moule à pain de 8 sur 4 sur 2½ po (20 sur 10 sur 6,25 cm). Bien tasser. Placer les tranches de bacon sur le dessus. Cuire à « High » 10 minutes. Cuire encore 10 minutes à « Medium ». Laisser reposer 20 minutes. Recouvrir de papier ciré et mettre une pesée sur le dessus. Réfrigérer lorsqu'il a refroidi.

Épaule d'agneau des Îles
Cuisson aux micro-ondes ou par convexion

Un des repas favoris de ma famille, que je sers avec un riz frit au cari et du chou-fleur persillé.

Une épaule d'agneau de 3 lb (1,5 kg), désossée et roulée

4 gousses d'ail hachées fin

1/2 tasse (125 mL) d'eau bouillante

1/3 de tasse (80 mL) de miel

1/2 tasse (125 mL) de sauce de soja*

le jus d'une orange

Mettre dans un grand bol l'ail, l'eau bouillante, le miel et la sauce de soja. Ajouter la pièce de viande, la rouler dans le mélange, couvrir et réfrigérer 24 heures avant de cuire.
Retirer la viande de la marinade. Placer dans un plat de verre de 8 sur 13 po (20 sur 32,5 cm). Ajouter 1/2 tasse (125 mL) de la marinade. Cuire selon l'une des deux méthodes qui suivent :
Par convexion : Placer la grille basse de votre four, tel qu'indiqué dans le manuel d'instructions de votre four. Rôtir 25 minutes par livre dans le four préchauffé à 350°F (180°C)
OU
Pour la cuisson aux micro-ondes, placer la viande dans le même plat avec la demi-tasse de marinade. Couvrir de papier de plastique. Cuire à « High » 15 minutes. Retourner le rôti et l'arroser avec le jus. Couvrir et cuire 15 minutes par livre (500 g) à « Medium ». Laisser reposer 15 minutes avant de servir.

Manière de faire la sauce :
Que l'épaule soit cuite par convexion ou aux micro-ondes, la manière de faire la sauce est la même. Après avoir retiré le rôti du plat, ajouter le jus d'orange au jus du plat. On peut aussi, au gré, ajouter 1/3 de tasse (80 mL) de saké (vin blanc japonais). Bien brasser. Au moment de servir, chauffer 2 minutes à « High ». Servir dans une saucière.

* La sauce de soja japonaise a un arôme plus délicat que la sauce chinoise, bien que l'on puisse utiliser l'une ou l'autre.

Côtelettes d'agneau maison (photo page 80-81 verso en bas)
Cuisson aux micro-ondes

Avec un plat à griller on peut faire de belles côtelettes, bien dorées au four à micro-ondes. Personnellement, je les trouve parfaites au goût et plus faciles à digérer, à cause du gras qui peut être éliminé.

4 côtelettes d'agneau

1/2 c. à thé (2 mL) de sucre

1/2 c. à thé (2 mL) de paprika

1/2 c. à thé (2 mL) de romarin ou de basilic

1 c. à soupe (15 mL) de gras retiré des côtelettes

Préchauffer le plat à griller 7 minutes à « High ».
Mélanger le sucre, le paprika, le romarin ou le basilic. Frotter chaque côtelette de ce mélange.
Mettre les petits morceaux de gras dans le plat chaud, sans le sortir du four. Les étendre avec une fourchette et ensuite les placer au milieu du plat. Placer chaque côtelette dans le plat, en pressant bien sur chacune du bout des doigts. Faire dorer à « High » 6 minutes. Retourner les côtelettes et laisser reposer dans le plat, sans cuire, pendant 10 minutes (la chaleur interne finit la cuisson). Servir.

Gigot d'agneau poché au cari

Cuisson aux micro-ondes

Doré et parfumé, servi chaud. Trancher mince et servir à la température ambiante. Un excellent plat de viande froide pour un buffet, accompagné d'un chutney aux fruits de votre choix, et d'une salade de riz aromatisée au cari.

1/2 ou 1 gigot désossé et roulé

1 gousse d'ail coupée en quatre

1 c. à soupe (15 mL) de romarin

1 c. à thé (5 mL) de sel

1/2 c. à thé (2 mL) de poivre

1 c. à soupe (15 mL) de poudre de cari

6 carottes moyennes entières

6 branches de céleri coupées en carrés

8 à 10 pommes de terre moyennes

10 petits oignons blancs

1/2 tasse (125 mL) d'eau

1/2 tasse (125 mL) de cidre ou de jus de pomme

Faire 4 à 5 incisions dans la viande. Mettre dans chacune un morceau d'ail et une pincée de romarin. Mélanger le sel, le poivre et le cari. En saupoudrer le dessus du rôti.

Placer la viande au milieu d'un plat de verre ou de céramique avec couvercle si possible. Entourer la pièce de viande avec les légumes. Verser l'eau et le cidre ou le jus de pomme sur les légumes. Couvrir avec un papier ciré ou de plastique ou le couvercle du plat.

Cuire à « High » 20 minutes, retourner la viande. Couvrir et cuire 10 minutes par livre à « Medium ». Laisser reposer 15 minutes, avant de découvrir. Placer les légumes autour du rôti et le jus dans une saucière.

Foie d'agneau rôti   *(photo page 64-65 verso en haut)*

Cuisson par convexion

Un foie d'agneau d'une à deux livres (500 g à 1 kg) rôti entier est très bon chaud ou froid. Tranché mince, le servir chaud avec sa sauce; le servir froid avec une sauce aux canneberges ou encore chaud avec un chutney de votre choix.

3 c. à soupe (50 mL) de beurre

1 gros oignon tranché mince

1 petit piment vert en languettes

2 c. à soupe (30 mL) de sauce Chili

1 c. à soupe (15 mL) de sauce A-1

1/4 de c. à thé (1 mL) de thym

1½ à 2 lb (750 g à 1 kg) de foie d'agneau, entier

1/3 de tasse (80 mL) de porto ou de café froid

Préchauffer la partie convexion de votre four à 350°F (180°C).

Fondre le beurre 3 minutes dans un plat de céramique de 8 sur 8 pouces (20 sur 20 cm) ou dans une petite lèchefrite de métal, de mêmes dimensions, pendant 2 minutes, dans le four préchauffé.

Ou fondre le beurre 2 minutes à « High », dans un plat de céramique. Ajouter les oignons, bien brasser et cuire 4 minutes à « High »; les oignons seront légèrement dorés ici et là. Bien brasser, ajouter le piment vert, brasser et cuire 1 minute à « High ».

Mettre la grille basse dans le four préchauffé à 350°F (180°C).

Aux oignons et au piment vert, ajouter le reste des ingrédients. Placer le foie au milieu et arroser avec le légumes et le jus.

Rôtir de 30 à 40 minutes dans le four préchauffé. Laisser reposer 10 minutes. Arroser de 7 à 8 fois pendant ce temps. Trancher mince et servir avec la sauce.

Gigot d'agneau glacé à l'anglaise (p. 60) →

Casserole d'agneau à l'écossaise
Cuisson aux micro-ondes

On peut faire ce plat avec des morceaux de cou, de pattes ou de bifteck d'épaule, coupés en carrés ou en petites tranches minces.

- 2 c. à soupe (30 mL) de beurre ou de gras de bacon
- 2 oignons pelés et tranchés mince
- 2 lb (1 kg) de cubes de viande d'agneau, au choix
- 1 c. à thé (5 mL) de sel
- 1/4 de c. à thé (1 mL) de poivre
- 1/4 de c. à thé (1 mL) de quatre-épices

- 1 boîte de 19 onces (540 mL) de tomates
- 2 c. à thé (10 mL) de sucre
- 2 tasses (500 mL) de cubes de pain
- 1/4 de c. à thé (1 mL) de graines d'aneth
- 1/2 c. à thé (1 mL) de sel
- 1 c. à soupe (15 mL) de beurre

Chauffer le beurre ou le gras de bacon 4 minutes à « High ».
Ajouter les oignons, bien brasser et cuire 3 minutes à « High ». Bien brasser et ajouter la viande d'agneau de votre choix. Brasser le tout. Cuire 3 minutes à « High ». Mélanger le sel, le poivre et le quatre-épices. En saupoudrer la viande. Bien brasser. Mélanger le sucre et les tomates. Verser sur la viande.
Mélanger les cubes de pain avec la demi-cuillerée de sel et les graines d'aneth. En saupoudrer le mélange.
Recouvrir le tout de dés de beurre. Couvrir d'un couvercle ou d'un papier de plastique. Cuire 10 minutes à « High ». Découvrir le plat et cuire à « Medium » 20 à 25 minutes ou jusqu'à ce que la viande soit tendre.
Vérifier la cuisson avec la pointe d'un couteau. Laisser reposer 10 minutes dans un endroit chaud avant de servir.

Casserole campagnarde (première photo)
Cuisson aux micro-ondes

Tout le repas dans un seul plat !

- 1 lb (500 g) d'agneau haché
- 1/2 c. à thé (2 mL) de basilic
- 1/4 de c. à thé (1 mL) de poivre
- 1/2 c. à thé (2 mL) de sel
- 4 tranches de bacon

- 4 petites pommes de terre cuites
- 4 petites tomates fraîches
- 1 tasse (250 mL) de maïs en grains*
- 2 c. à soupe (30 mL) de fromage râpé

Mélanger l'agneau, le basilic, le sel et le poivre. Former quatre pâtés. Rouler une tranche de bacon autour de chaque pâté, retenir avec un cure-dent. Saupoudrer un côté de paprika.
Cuire les pommes de terre 6 minutes à « High ». Retirer du four et placer sur un papier absorbant.
Évider les tomates et saupoudrer l'intérieur de chacune de sel, de poivre et d'une pincée de sucre.
Diviser le maïs en parts égales dans chaque tomate.

←En haut : Foie d'agneau rôti (p. 64)
←En bas : Petites boulettes d'agneau (p. 61)

Préchauffer un plat à griller (Corning) 7 minutes à « High ».
Placer les pâtés de viande, le côté paprika dans le plat chaud, sans sortir le plat du four. Presser sur chaque pâté, pour obtenir un contact parfait entre la viande et le plat. Cuire 4 minutes à « High ».
Retourner les pâtés, placer autour d'eux les pommes de terre cuites et les tomates farcies. Couvrir le plat avec un papier ciré, cuire à « Medium-High » de 4 à 5 minutes. Servir.

* On peut utiliser le maïs en grains en conserve, bien égoutté, ou cuire du maïs congelé avant de cuire les pâtés : à peu près 1 tasse (250 mL) de maïs, cuit couvert, sans eau, 4 minutes à « High ». Égoutter et utiliser.

Jarrets d'épaule à la bière *(photo page 80-81 verso en haut)*
Cuisson aux micro-ondes

Il n'est pas facile de trouver les petits jarrets d'épaule d'agneau de 1 à 2 lb (500 g à 1 kg) chacun. Demandez-les d'avance à votre boucher; ce sont des pièces de viande économiques, tendres et faciles à cuire.

2 gousses d'ail coupées en trois	**1 c. à thé (5 mL) de sarriette**
2 à 4 jarrets d'épaule	**1/4 de tasse (60 mL) de bière de votre choix**
3 c. à soupe (50 mL) de gras de bacon	**1 c. à thé (5 mL) de sucre**
3 c. à soupe (50 mL) de farine	**2 feuilles de laurier**
1/2 c. à thé (2 mL) de sel	**le jus et le zeste d'un citron**
1/4 de c. à thé (1 mL) de poivre	

Faire des incisions dans la viande et placer dans chacune une pointe d'ail. Mélanger la farine, le sel, le poivre, la sarriette. Rouler les jarrets dans ce mélange, de manière à bien les enrober.
Chauffer un plat à griller (Corning) 7 minutes à « High ». Ajouter le gras de bacon, sans retirer le plat du four, y placer les jarrets enfarinés, les uns à côté des autres. Faire dorer 5 minutes à « High ».
Retourner chaque morceau de viande. Ajouter la bière, le sucre, les feuilles de laurier, le jus et le zeste de citron. Couvrir et cuire 10 minutes à « High ». Placer les jarrets dans un autre plat, verser la sauce tout autour. Couvrir et cuire 30 à 40 minutes à « Medium ». À mi-cuisson, arroser la viande avec le jus de cuisson.
Il est quelquefois nécessaire d'ajouter 10 à 12 minutes de cuisson, si la viande est moins tendre.
Pour servir, ajouter 1/4 de tasse (60 mL) d'eau ou de thé froid au jus de la sauce. Bien brasser et chauffer 2 minutes à « High » au moment de servir.

Le porc

Le porc

Le porc est non seulement la viande la moins coûteuse, il offre de plus une infinité de possibilités : on cuisine le porc frais, fumé, en rôti, côtelettes, biftecks, etc. Sa saveur douce s'accommode bien de la saveur de la sauge, des grains d'anis, de fenouil en grains ou frais, de baies de genièvre, de thym, de marjolaine, d'ail, d'oignon, de pommes, etc. Le choix est grand.

Les coupes de porc

Le rôti de porc se divise en deux. Le bout du filet, partie plus charnue de la longe, contient la plus grande partie du filet et un peu d'os; cette partie est aussi la moins charnue lorsque le filet est retiré pour être vendu séparément.
C'est de cette coupe qu'on obtient les côtelettes dans le filet.
La deuxième partie est le milieu de longe, aussi charnue que le bout du filet. Elle contient des os des côtes, l'os en T, et très peu ou pas de filet.
On l'achète en rôti ou en côtelettes.
Le rôti de longe, bout des côtes — Cette coupe contient des côtes, une partie de l'omoplate mais sans filet. On la trouve soit coupée en rôti soit en côtelettes.
Le filet est une pièce de choix, assez difficile à trouver. Le filet de porc est long, effilé, maigre et très tendre; entier, on le rôtit, coupé en tranches d'un pouce (2,5 cm) qu'on aplatit avec un maillet à viande pour en faire des grillades tendres et savoureuses.
Le rôti d'épaule — Coupe plus économique, on la trouve fraîche entière ou coupée en carrés pour ragoût, ou fumée pour obtenir le jambon picnic.
Les côtelettes — Dans l'épaule il y a les côtelettes de soc qui contiennent une partie de l'os long et des côtes; elles sont bonnes braisées.
Les côtelettes d'épaule « picnic » — Morceaux tranchés de l'épaule, faciles à reconnaître par le petit os rond sur la gauche vers le haut. Ces côtelettes sont plus tendres et font de bons biftecks de porc.

Quelques notes sur la cuisson du porc aux micro-ondes

Tout comme pour le boeuf, il faut d'abord acheter la bonne pièce de porc, ensuite c'est la cuisson qui assure la saveur et la tendreté.
Dans le four à micro-ondes, comme pour tout autre mode de cuisson, le poids, la forme de la pièce de viande et la tendreté de la coupe jouent un rôle important. Le rôti ou les côtelettes seront plus tendres et plus dorés, lorsqu'ils auront reposé à la température de la pièce pendant une ou deux heures avant la cuisson.

Côtelettes de porc — Les différentes coupes dans les côtes

La côtelette de porc est toujours la favorite de bien des familles, d'autant plus que son prix est souvent très avantageux. Comment acheter une côtelette de porc ? Il faut rechercher une viande ferme, une chair fine, de couleur rose pâle, et pourvue d'une bonne bordure de gras. Les os doivent être poreux et rosés.
Il y a différentes coupes dans les côtelettes. Il est donc important de les reconnaître, car pour chacune le prix et le mode de cuisson varient.
Tout comme pour le boeuf, les côtelettes sont coupées dans la longe ainsi que dans les côtes de longe. Les côtes de dos (spareribs) sont cuites au four ou sur le barbecue, ou aux micro-ondes dans une sauce aigre-douce.

Comment décongeler le porc

Suis-je de la vieille école ? Je ne sais, mais je préfère dégeler les rôtis, pendant 10 à 12 heures non développés, dans un endroit frais, ou pendant 24 heures au réfrigérateur. Ensuite je laisse ma pièce de viande 1 à 2 heures à la température de la cuisine... la viande se détend, les fibres s'attendrissent, l'excès d'humidité s'évapore, le rôti ou les côtelettes sont toujours parfaits. Toutefois, si vous le devez ou le désirez, utilisez votre four à micro-ondes pour décongeler le porc.
Bien décongelé, le porc est légèrement froid au toucher et son gras est brillant.

Les rôtis roulés sont plus longs à dégeler que les rôtis avec os.

Il est important de retourner les rôtis désossés et roulés deux fois pendant la période de décongélation. Si la pièce de viande est de forme irrégulière où des bouts d'os sont visibles, il faut recouvrir le bout des os d'une bande de papier d'aluminium, ce qui empêche la viande près des os de s'assécher, et par le fait même de durcir.

Comment décongeler les rôtis de porc

Compter à peu près 10 à 12 minutes par livre (20 à 25 minutes par kg) à « Defrost » pour la décongélation.

Placer le rôti enveloppé dans l'assiette du four à micro-ondes, décongeler pendant la moitié du temps requis.

Développer la pièce de viande. Vérifier si certains points de la pièce sont plus chauds, et les recouvrir d'un morceau de papier d'aluminium.

Retourner le rôti sur une grille à micro-ondes, finir la décongélation suivant le temps indiqué sur le tableau.

J'aime toujours piquer le milieu du rôti avec une petite broche de métal pour m'assurer que le rôti est bien décongelé.

Couvrir avec un linge et laisser reposer 20 à 30 minutes avant de rôtir.

Comment décongeler les côtelettes, les carrés de viande
pour ragoûts et le porc haché :

- Décongeler au cycle de décongélation, 4 à 8 minutes par livre (10 à 20 minutes par kg).
- Placer la viande congelée dans le four à micro-ondes au cycle de décongélation pendant la moitié du temps requis.

  Développer et briser la viande en morceaux.

  Laisser finir la décongélation pendant 1 heure à la chaleur ambiante, ou placer dans une assiette et remettre au four à micro-ondes 1 à 2 minutes au cycle de décongélation.

  Il est alors facile de briser les boulettes qui pourraient rester; la viande doit être rosée, le gras bien blanc, car s'il est transparent cela signifie qu'il commençait à cuire.

Comment décongeler les saucisses fraîches et les saucisses fumées :

- Décongeler 3 à 4 minutes par livre (6 à 10 minutes par kg) à « Defrost » sans les développer. Après une minute de décongélation, retourner le paquet. Le tout est décongelé lorsqu'il est possible de séparer les saucisses.

Tableau de cuisson du porc aux micro-ondes*

Longe non désossée de 3 à 5 lb (1,5 à 2,5 kg)

Longe désossée de 3 à 5 lb (1,5 à 2,5 kg)

Les deux coupes sont rôties à « Medium » de 13 à 15 minutes par lb (27 à 30 minutes par kg).

L'épaule

Soc — 3 à 5 lb (1,5 à 2,5 kg) à « Medium » de 16 à 18 minutes par lb (40 minutes par kg).

Épaule désossée — Même temps que le soc.

Le gigot non fumé — Ne rôtir qu'une moitié à la fois — ou la partie du manche ou le haut du gigot — 2,5 à 3 lb (1 à 1,5 kg) à « Medium » de 16 à 18 minutes par lb (40 minutes par kg).

Il est préférable de cuire les rôtis de porc, désossés et roulés, au four à micro-ondes pour une cuisson parfaite; ils cuisent cependant bien avec leurs os.

Les côtelettes de porc

Côtelettes de longe, bout des côtes — côtelettes sans filet

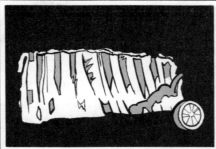

Côtes de dos — pour côtes au barbecue

Côtes de longe, l'os de l'échine retiré, pour côte de porc grillée ; ou trancher pour obtenir de petites côtelettes

Côtelettes de milieu de longe — côtelettes avec filet

Rôti de porc fines herbes
Cuisson par convexion

Votre four peut être pourvu de ce mode de cuisson sous un autre nom, par exemple « Insta-matic ». Voilà qui souligne une fois de plus l'importance de vous familiariser avec le manuel de votre four.

Un rôti de longe de porc de 3 à 4 lb (1,5 à 2 kg), désossé

2 c. à soupe (30 mL) de farine

3 c. à soupe (50 mL) d'huile végétale

1 c. à thé (5 mL) de paprika

1/4 de c. à thé (1 mL) de thym et autant d'origan

1/2 c. à thé (2 mL) de graines de fenouil ou d'anis

1/4 de c. à thé (1 mL) de poivre noir

1/2 c. à thé (2 mL) de sel

Mélanger la farine aux autres ingrédients, ce qui vous donnera une pâte légère. En badigeonner le dessus et les côtés du rôti.

Mettre la plaque anti-éclaboussures dans le fond de votre four, recouvrir avec la grille basse. Placer sous la grille une assiette à tarte (ou suivre les données du manuel de votre four).

Rôtir à 350°F (180°C) 1 heure et 30 minutes. Retirer le rôti du four, mettre sur un plat chaud. Couvrir et laisser reposer 20 minutes.

Enlever la grille. Ajouter au jus accumulé dans l'assiette 1/3 de tasse (80 mL) de café ou de thé froid ou de vin rouge. Bien mélanger en écrasant les parties brunes qui donnent saveur et couleur à la sauce.

Chauffer 2 minutes à « High » et servir avec le rôti.

Longe de porc à la Kentish
Cuisson par sonde thermométrique (« Comb » ou « Probe »)

Vieille recette anglaise, que je cuis au four à micro-ondes, suivant la méthode de rôtissage par « sonde thermométrique » (voir le manuel de votre four pour la manière d'utiliser « la sonde », si vous en avez une). J'appuie sur la touche C.5 comme l'indique le manuel de mon four pour la cuisson du porc et le four se charge du temps de cuisson.

1/2 tasse (125 mL) de sherry

1/4 de tasse (60 mL) de cassonade

le zeste d'une orange

1/3 de tasse (80 mL) de jus d'orange

1 c. à thé (5 mL) de raifort préparé

1 c. à thé (5 mL) de moutarde préparée

une longe de porc de 4 lb (2 kg)

Mettre les 6 premiers ingrédients dans une tasse à mesurer de 4 tasses (1 L). Chauffer 3 minutes à « High ». Mettre le rôti dans un plat de verre ou de céramique de 9 sur 13 po (22,5 sur 32,5 cm), les os touchant le fond du plat. Verser le mélange chaud sur le tout. Placer la grille anti-éclaboussures dans l'assiette de céramique, ajouter la grille basse. Insérer la sonde thermométrique dans le rôti et brancher au four. Effleurer la touche « Pork », mettre le four en marche. Le four décide du temps de cuisson. Lorsqu'elle est cuite, retirer la pièce de viande du plat, ajouter 1/3 de tasse (80 mL) d'eau froide au jus, bien brasser. Chauffer à « High » 1 minute 30 secondes.

Longe de porc maison
Cuisson par convexion

Rôtie par convexion, la longe de porc est dorée et savoureuse. Également bonne chaude ou froide. On peut la rôtir avec les os ou désossée et roulée.

3 lb (1,5 kg) de longe de porc, désossée et roulée

1 tasse (250 mL) de chapelure fine

2 c. à thé (10 mL) de paprika

1 c. à thé (5 mL) de sarriette

1 c. à thé (5 mL) de sel

1/4 de c. à thé (1mL) de poivre

1/2 c. à thé (2 mL) de poudre d'ail

2 c. à soupe (30 mL) de margarine fondue

1 blanc d'oeuf légèrement battu

1 c. à soupe (15 mL) d'eau froide

Mélanger la chapelure, le paprika, la sarriette, le sel, la poudre d'ail et le poivre. Ajouter la margarine fondue. Dans un autre plat, mélanger le blanc d'oeuf et l'eau froide.

Placer la grille anti-éclaboussures dans le plateau en céramique, y mettre la grille à rissoler et, entre les deux, placer une assiette à tarte. Ou suivre les indications données dans le manuel de votre four pour placer les grilles. Préchauffer le four à 375°F (190°C) pendant 15 minutes. Rouler le rôti dans le blanc d'oeuf et ensuite dans le mélange de chapelure.

Lorsque le four est chaud, placer le rôti sur la grille et rôtir à 375°F (190°C) 18 minutes par livre (36 minutes par kg). Lorsqu'il est cuit, placer le rôti sur un plat chaud, recouvrir et laisser reposer 15 minutes.

Sauce

Au jus accumulé dans l'assiette, ajouter 1/2 tasse (125 mL) de jus de pomme, de cidre, de thé froid ou de vin blanc.

Bien mélanger tout en grattant le fond de l'assiette. Ajouter 1 c. à thé (5 mL) de fécule de maïs ou de farine.

Bien mélanger et faire cuire au four à micro-ondes 2 minutes à « High ». Remuer et servir.

Rôti de porc à la choucroute

(dernière photo verso en bas)

Cuisson aux micro-ondes

Un des plats favoris des Alsaciens. Utiliser la coupe qui vous plaît. Pour ma part, je préfère la côte de porc non désossée. Ce plat se réchauffe très bien. Souvent je le cuis la veille, et le lendemain je n'ai qu'à le réchauffer à « Reheat » ou 10 à 20 minutes à « Medium ». Voilà pourquoi j'aime utiliser une cocotte de céramique pour faire ce plat.

Un rôti de porc de 3 à 4 lb (1,5 à 2 kg)

un pot de choucroute au vin de 32 oz (90 mL)

2 oignons coupés en quatre

1 gousse d'ail hachée fin

1 c. à thé (5 mL) de sel

10 baies de genièvre (facultatif)

12 grains de poivre

6 pommes de terre moyennes pelées

1/2 tasse (125 mL) de vin blanc ou d'eau

Mettre le rôti de porc dans un plat de céramique avec couvercle. Mélanger la choucroute avec les ingrédients qui restent, moins les pommes de terre. Placer le tout autour du rôti.
Ajouter le vin blanc ou l'eau. Enterrer les pommes de terre dans la choucroute. Bien couvrir et cuire 1 heure et 15 minutes à « Medium ». Laisser reposer 20 minutes avant de servir.

Rôti de porc boulangère

Cuisson aux micro-ondes

Le dîner dans un seul plat. Le rôti cuit entouré de pommes de terre et d'oignons, le tout doré et bien parfumé à la sauce et à la marjolaine. Sans les pommes de terre et les oignons autour du rôti, vous aurez un rôti de porc cuit aux micro-ondes. Garnir d'une sauce de votre choix (voir chapitre des sauces).

3 à 4 lb de rôti de porc, désossé et roulé (1,5 à 2 kg)

1 c. à thé (5 mL) de paprika

1 c. à soupe (15 mL) d'huile végétale

3 c. à soupe (50 mL) de chapelure fine

1 c. à thé (5 mL) de sauge

2 c. à soupe (30 mL) de beurre

4 pommes de terre moyennes

4 oignons moyens

1 feuille de laurier

1/2 c. à thé (2 mL) de marjolaine

1 c. à thé (5 mL) de sel

1/2 c. à thé (2 mL) de poivre frais moulu

Mélanger le paprika, l'huile végétale, la chapelure et la sauge. Rouler le rôti dans ce mélange. Préchauffer un plat à griller (Corning) 7 minutes à « High ». Y mettre le rôti, le côté gras en dessous, sans toutefois retirer le plat du four. Faire dorer 6 minutes à « High ». Retourner le rôti et faire cuire 25 minutes à « Medium ». Retirer le rôti du plat. Faire fondre le beurre dans le plat, 1 minute à « High ». Ajouter les pommes de terre et les oignons, pelés et tranchés mince. Ajouter le laurier, la marjolaine, le sel et le poivre. Bien mélanger le tout et placer en cercle dans le plat. Placer le rôti au milieu. Rôtir, non couvert, à « Medium-High » 30 minutes. Laisser reposer 15 minutes avant de servir.

Épaule de porc rôtie dans un sac
Cuisson aux micro-ondes

C'est en réalité un rôti braisé. Faute de sac à cuisson, on peut mettre la viande dans un plat de cuisson assez profond. Recouvrir le plat d'un papier de plastique et cuire tel qu'indiqué dans la recette qui suit. Servir avec du maïs en grains congelé ou en conserve et des pommes de terre en purée.

1 c. à thé (5 mL) de romarin ou de sauge	3 branches de persil frais
1/2 c. à thé (2 mL) de sel	1 poireau, coupé en trois
1/4 de c. à thé (1 mL) de poivre	1/2 tasse (125 mL) de vermouth blanc ou de consommé de poulet
une épaule de porc de 4 lb (2 kg), sans os	
2 oignons moyens coupés en quatre	1 c. à soupe (15 mL) de fécule de maïs
1 carotte pelée et coupée en quatre	1/2 tasse (125 mL) d'eau froide

Mélanger le romarin ou la sauge, le sel et le poivre. En frotter les parties rouges de la viande. Mettre dans un sac de cuisson en papier de plastique. Ajouter oignons, carottes, persil, poireau et le vermouth blanc ou le consommé. Attacher le sac avec une ficelle, sans trop serrer. Faire 2 à 3 incisions dans le haut du sac avec la pointe d'un couteau. Placer dans un plat de verre de 9 sur 13 po (22,5 cm sur 32,5 cm). Cuire à « High » 15 minutes. En vous servant d'un linge, déplacez le sac, de manière à ce que le jus bouge ici et là à l'intérieur du sac. Cuire 15 minutes par livre, à « Medium ».
Laisser reposer le rôti dans son sac pendant 20 minutes.
Couper un coin du sac avec des ciseaux et faire couler le jus dans le plat de cuisson; déposer le rôti sur le plat, sans le retirer du sac. Garder dans un endroit chaud.
Au jus versé dans le plat de cuisson, ajouter la fécule de maïs délayée dans l'eau froide. Bien mélanger et cuire 1 minute à « High », brasser et cuire encore une minute, si nécessaire, pour obtenir une sauce légère et transparente. Mettre le rôti et les légumes sur un plat de service et servir chaud avec la sauce chaude.

Côtelettes ou bifteck de porc
Cuisson aux micro-ondes

La même recette vaut aussi bien pour un bifteck de porc que pour des côtelettes. Seule la cuisson varie. Si les côtelettes ont plus d'un po (2,5 cm) d'épaisseur, ajouter 3 minutes à la cuisson « Medium-High ».

4 côtelettes de porc de longe ou de côte de 1 po (2,5 cm) d'épaisseur	1/2 c. à thé (2 mL) de sel
	1/4 de c. à thé (1 mL) de poivre
1 c. à soupe (15 mL) d'huile végétale	1/2 c. à thé (2 mL) de sucre
1 c. à thé (5 mL) de paprika	
1 c. à thé (5 mL) de sarriette ou de sauge	

Préchauffer le plat à griller (Corning) de 8 sur 8 po (20 sur 20 cm) 7 minutes à « High ». Mélanger le reste des ingrédients. Tremper un côté de la côtelette dans ce mélange. Le faire adhérer à la viande en tapotant du bout des doigts. Mettre les côtelettes dans le plat à griller, chaud, sans le sortir du four, le côté aromatisé touchant le fond. Faire dorer 4 minutes à « High ». Retourner les côtelettes et compléter la cuisson 3 minutes à « Medium-High ». Laisser reposer 3 minutes et servir.

Rôti de porc à l'espagnole *(photo page 80-81 recto)*

Cuisson aux micro-ondes

Rôti de porc glacé à l'orange à la mi-cuisson. J'aime cuire un demi-gigot dans la partie du haut. Superbe froid, c'est tout comme un jambon fumé glacé. Très beau morceau pour un buffet.

Un demi-gigot de porc frais de 3 à 4 lb (1,5 à 2 kg)

1/2 c. à thé (2 mL) de gingembre moulu

ou

1 c. à soupe (15 mL) de racine de gingembre frais, râpée

1 c. à thé (5 mL) de paprika

Glace :

1/2 tasse (125 mL) de marmelade

3/4 de tasse (200 mL) de jus d'orange

le zeste râpé d'une orange

2 c. à soupe (30 mL) de fécule de maïs

1/2 c. à thé (2 mL) de sel

1/2 c. à thé (2 mL) de gingembre en poudre

1 tasse (250 mL) de raisins frais coupés en deux

1/3 de tasse (80 mL) de liqueur à l'orange ou de cognac, de votre choix

Mélanger le gingembre moulu ou frais râpé et le paprika. Frotter le dessus du rôti avec ce mélange. Placer le rôti sur une grille à micro-ondes, dans un plat de verre pour micro-ondes. Cuire à « Medium » 30 minutes.

Mélanger les ingrédients de la glace dans une tasse à mesurer de 4 tasses (1 L). Retirer le rôti du four, ainsi que la grille. Verser le mélange du glaçage dans le plat de cuisson. Cuire 5 minutes à « High », en brassant 2 fois pendant la cuisson.

Remettre le rôti dans le plat, arroser avec la glace pendant 1 ou 2 minutes. Couvrir avec un papier de plastique. Cuire encore 30 minutes à « Medium », ou jusqu'à ce qu'un thermomètre indique 165°F (75°C). Après 15 à 20 minutes de repos, si le rôti est couvert d'un papier ciré, la chaleur montera à 170°F (80°C).

Arroser le rôti 4 à 5 fois avec la glace. Servir avec riz persillé ou une casserole d'orge.

Longe de porc à la normande
Cuisson aux micro-ondes

Un mélange de légumes cuits avec le rôti, ensuite passés au robot culinaire, remplace la farine pour épaissir la sauce. Le mélange du gras et du jus d'orange parfume le tout avec finesse.

3 lb (1,5 kg) de longe de porc désossée

2 c. à soupe (30 mL) de beurre

2 oignons moyens coupés en dés

3 carottes moyennes pelées et coupées en dés

1 poireau lavé et tranché

1 petit panais pelé et tranché mince

1 gousse d'ail émincée

1 c. à thé (5 mL) de thym

2 c. à thé (10 mL) de sel

1/2 c. à thé (2 mL) de poivre

1/4 de tasse (60 mL) de porto

le jus et le zeste râpé de 2 oranges

1 orange pelée et tranchée mince

Fondre le beurre 3 minutes à « High » dans une casserole de 6 tasses (3 L). Placer le rôti dans la casserole, le côté gras touchant le fond. Chauffer 5 minutes à « High ». Retirer le rôti du plat, placer les légumes émincés dans le plat de viande, bien brasser, cuire 5 minutes à « High », en brassant une fois pendant la cuisson.
Ajouter le thym, le sel, le poivre, brasser le tout. Placer la viande sur le mélange, les os touchant le fond. Ajouter le porto, le jus et le zeste râpé des oranges. Couvrir et cuire 30 minutes à « Medium ». Vérifier la cuisson, si nécessaire ajouter 10 minutes de cuisson à « Medium ».
La cuisson terminée, placer le rôti sur un plat de service chaud, verser le mélange des légumes dans un robot culinaire ou un mixer et battre en crème.
Ajouter 1/4 de tasse (60 mL) de thé ou d'eau et les minces tranches d'orange. Couvrir et cuire 3 minutes à « High », en remuant une fois à mi-cuisson. En verser quelques cuillerées sur le rôti.
Servir le reste de la sauce dans une saucière.

Comment tirer le meilleur parti d'une longe de porc

Un rôti de 4 lb (2 kg) de longe de porc avec os

Pour en tirer le meilleur parti, voici comment procéder :
a) Désosser la longe, utiliser les os pour apprêter les boulettes bavaroises à la choucroute;
b) Tailler deux côtelettes et hacher la viande pour la sauce à spaghetti;
c) Rouler et ficeler ce qui reste du rôti, le faire cuire par convexion à 165°F (78°C), avec des pommes de terre au four.
Ajouter 1 lb (500 g) de filet de porc; en le faisant frire à la chinoise, il donnera de 4 à 6 portions.

Longe de porc à la moutarde, désossée et roulée
Cuisson aux micro-ondes

Un rôti de 3 à 4 lb (1,5 à 2 kg) désossé et roulé est la pièce parfaite pour un rôtissage au four à micro-ondes. On est assuré d'un rôti bien doré et parfaitement cuit. Lorsque c'est possible, laisser la pièce de viande à la température de la pièce pendant une heure avant de la cuire.

- 1 rôti de longe de 3 à 4 lb (1,5 à 2 kg), désossé et roulé
- 2 c. à soupe (30 mL) d'huile végétale
- 1/2 tasse (125 mL) de chapelure fine
- 2 c. à soupe (30 mL) de moutarde française

- 1/4 de c. à thé (1 mL) de poivre
- 1 c. à thé (5 mL) de paprika
- 2 gousses d'ail hachées fin
- 9 clous de girofle entiers

Bien essuyer le rôti avec un essuie-tout.
Chauffer l'huile végétale 4 minutes à « High » dans un plat de verre de 8 sur 8 po (20 sur 20 cm). Mélanger le reste des ingrédients, excepté les clous de girofle entiers. Badigeonner d'une partie du mélange seulement les parties de la viande exemptes de gras. Placer la partie grasse du rôti dans le gras chaud. Cuire 10 minutes à « High ».
Retourner le rôti, le gras sur le dessus, en le plaçant sur une grille à micro-ondes. Piquer les clous de girofle sur le gras. Mettre le reste de la chapelure sur le gras. Rôtir à « Medium » 13 minutes par livre (27 minutes par kg). Déposer le rôti sur un plat. Recouvrir avec un papier ciré et laisser reposer 10 minutes avant de servir. Saler et dépecer.

Côtelettes de porc à la chinoise
Cuisson aux micro-ondes

Ce plat inspiré de la cuisine chinoise est très bon. Utiliser des côtelettes de porc tranchées très mince, que l'on trouve souvent à prix d'aubaine. En retirer les os et trancher les côtelettes en languettes.

- 1 lb (500 g) de côtelettes minces ou d'épaule de porc
- 2 c. à soupe (30 mL) d'huile végétale
- 1 gousse d'ail émincée
- 1 c. à thé (5 mL) de sel
- 1/4 de c. à thé (1 mL) de poivre
- 1 boîte d'ananas en morceaux de 10 oz (284 mL)

- 1/2 tasse (125 mL) de sauce barbecue ou de sauce aux prunes
- 1 c. à soupe (15 mL) de fécule de maïs
- 2 c. à soupe (30 mL) de sauce de soja
- 1 piment vert, coupé en languettes

Tailler la viande sur le biais en petites tranches minces.
Faire chauffer l'huile végétale 3 minutes à « High » dans un plat de céramique de 8 sur 8 po (20 sur 20 cm). Verser la viande dans l'huile chaude. Bien mélanger et faire cuire 2 minutes à « High ». Saler et poivrer. Ajouter le jus égoutté de la boîte d'ananas, l'ail et la sauce barbecue ou la sauce aux

prunes à la chinoise. Bien mélanger. Couvrir et faire cuire 15 minutes à « Medium ». Délayer la fécule de maïs avec la sauce de soja. Ajouter à la viande ainsi que le piment vert. Bien remuer et faire cuire 5 minutes à « Medium High ». Remuer à mi-cuisson. Servir avec du riz bouilli.

Côtelettes de porc à la normande
Cuisson aux micro-ondes

En Normandie on utilise du cidre très alcoolisé que je remplace par du cognac. Servir avec du riz sauvage ou des pommes de terre en purée.

6 côtes de porc, 1 po (2,5 cm) d'épaisseur

1/4 de tasse (60 mL) de farine

1 c. à thé (5 mL) de sel

1/4 de c. à thé (1 mL) de poivre

1/2 c. à thé (2 mL) de thym

1 c. à thé (5 mL) de paprika

2 c. à soupe (30 mL) de beurre

8 à 12 pruneaux dénoyautés

1 tasse (250 mL) de porto

2 c. à soupe (30 mL) de cognac

2 c. à soupe (30 mL) de crème à fouetter

Mélanger farine, sel, poivre et thym dans une grande assiette. Y rouler les côtelettes pour bien les enfariner, saupoudrer chacune de paprika. Fondre le beurre dans un plat de céramique de 8 sur 8 po (20 sur 20 cm) 3 minutes à « High ». Ajouter les côtelettes.
Cuire 4 minutes à « Medium-High », retourner. Recouvrir le plat d'un papier de plastique, cuire les côtelettes 20 minutes à « Medium ». Vérifier la cuisson, si nécessaire cuire encore 5 minutes.
Pendant ce temps, tremper les pruneaux dénoyautés 15 minutes dans l'eau chaude. Bien égoutter.
Ajouter le porto aux pruneaux et chauffer le tout 4 minutes à « High ».
Retirer les côtelettes cuites du plat de cuisson, garder au chaud et ajouter le cognac au jus. Chauffer 1 minute à « High ». Ajouter le jus des pruneaux et la crème. Bien mélanger, chauffer 3 minutes à « High ». Ajouter les pruneaux. Chauffer 2 minutes à « High ». Servir dans une saucière ou placer les pruneaux autour des côtelettes et verser le jus dans une saucière.

Côtelettes d'épaule avec choucroute
Cuisson aux micro-ondes

J'aime bien de temps en temps manger un bon plat de choucroute. J'ai appris à apprécier ce mets pendant un séjour à Strasbourg où l'on fait d'excellents plats de choucroute. La recette ci-après en est une de famille, simple à faire. La première fois que je la fis cuire aux micro-ondes, ce fut par curiosité, mais à ma surprise, elle n'avait jamais été aussi bonne.

4 tranches de bacon et

4 côtes de porc à os rond, si possible

ou

8 côtes de porc à os rond

1½ lb de choucroute

ou

1 pot de 32 onces (900 mL) de choucroute au vin

1 gros oignon, coupé en dés

1 c. à thé (5 mL) de poivre

1/2 c. à thé (2 mL) de baies de genièvre

1/2 c. à thé (2 mL) de graines d'anis

1/2 c. à thé (2 mL) de gros sel

1/3 de tasse (80 mL) d'eau ou de bière ou de vin blanc

4 à 6 pommes de terre moyennes

Mettre la moitié de la choucroute dans une cocotte de céramique de 8 tasses (2 L). Sur ce lit, placer le bacon et les côtelettes ou simplement les côtelettes. Parsemer la viande d'oignon. Mélanger le poivre, les baies de genièvre, l'anis et le sel. En saupoudrer la moitié sur la viande. Recouvrir avec le reste de la choucroute. Placer les pommes de terre dans la choucroute. Saupoudrer le reste des assaisonnements sur le tout. Ajouter le liquide de votre choix. Couvrir. Cuire 40 minutes à « Medium High ». Laisser reposer 10 minutes dans le four ou dans un endroit chaud et servir.

Risotto de porc cuit
Cuisson aux micro-ondes

Quelques minutes de cuisson et vous avez sans effort un plat vite fait pour 4 personnes, avec 1 à 2 tasses (250 à 500 mL) de porc déjà cuit.

1 à 2 tasses (250 à 500 mL) de porc cuit, tranché mince ou coupé en petits dés

1/3 de tasse (80 mL) de sauce Chili

1/4 de c. à thé (1 mL) de sel

1 c. à thé (5 mL) de graines de céleri

1/4 de c. à thé (1 mL) de muscade

3 c. à soupe (50 mL) de vinaigre de cidre ou de vin

1 feuille de laurier

1 tasse (250 mL) d'eau

1/2 tasse (125 mL) de riz à grain long

Mettre le porc cuit dans une casserole de verre de votre choix. Mélanger le reste des ingrédients, verser sur la viande. Couvrir et cuire 20 minutes à « Medium-High » en brassant une fois pendant la cuisson.

Rôti de porc à l'espagnole (p. 76) →

Filet de porc frit à la chinoise
Cuisson aux micro-ondes

1/4 de tasse (60 mL) de graines de sésame
 grillées

un petit filet de porc

1 c. à soupe (15 mL) d'eau

1/4 de tasse (60 mL) de sauce de soja
 (Kikkoman)

4 à 6 oignons verts hachés

1 c. à soupe (15 mL) d'huile végétale

1 ou 2 gousses d'ail émincées

2 c. à soupe (30 mL) de racine de gingembre
 émincée

Étaler les graines de sésame dans un plat de 8 sur 8 po (20 sur 20 cm) en verre ou en céramique. Faire griller 3 à 5 minutes à « High », en brassant souvent. Les retirer aussitôt dorées, les déposer dans un petit bol et les mettre de côté.

Mettre le filet entier dans un plat. Mélanger le reste des ingrédients et verser sur le filet. Couvrir, faire cuire 5 à 8 minutes à « High ». Arroser le porc. Couvrir et faire cuire 3 minutes à « High ». Remuer et servir tranché mince.

Jambon bouilli
Cuisson aux micro-ondes

Une des vieilles recettes du répertoire culinaire québécois. Par curiosité, j'ai un jour essayé de l'adapter à la cuisine aux micro-ondes. Ce fut un tel succès, que nous avons, ma famille et moi, décidé qu'à l'avenir le jambon bouilli serait toujours cuit de cette manière.

Une épaule d'à peu près 4 lb (2 kg) ou
 un demi-jambon de 4 à 6 lb (2 à 3 kg)

1 feuille de laurier

10 grains de poivre entiers

6 grains de quatre-épices entiers

2 gros oignons coupés en quatre

2 carottes tranchées

1 paquet de feuilles de céleri

1 c. à soupe (15 mL) de moutarde sèche

1/2 tasse (125 mL) de mélasse

eau bouillante

Il est important de choisir un plat où l'on peut mettre assez d'eau pour que la pièce de jambon soit complètement immergée ou presque. Enlever l'enveloppe de glycine et le filet autour du jambon, s'il y a lieu. Placer le jambon dans le plat, ajouter le reste des ingrédients. Verser de l'eau bouillante sur le tout de manière à ce que le jambon soit presque recouvert. Couvrir d'un couvercle, si votre plat en a un, ou d'une feuille de plastique.

Pour ce qui est de la durée de cuisson, il est important de connaître le poids de la pièce de viande. Faire cuire 10 minutes par livre (500 g) à « High ». La cuisson terminée, enlever la couenne du jambon et le retourner afin que la partie du dessus soit placée sous l'eau. Laisser refroidir de 4 à 5 heures dans l'eau de cuisson. Le retirer de l'eau, le déposer sur un plat, le recouvrir d'un bol ou d'une feuille de plastique et le réfrigérer de 5 à 6 heures, si vous désirez le servir froid.

Pour le servir chaud, laisser le jambon reposer 30 minutes dans son eau de cuisson, le mettre sur un plat et le servir.

← En haut : Jarrets d'épaule à la bière (p. 66)
← En bas : Côtelettes d'agneau maison (p. 63)

Boulettes bavaroises à la choucroute

Cuisson aux micro-ondes

1 grosse boîte de choucroute de votre choix

2 oignons moyens hachés

les os du rôti*

2 gousses d'ail émincées

1 c. à thé (5 mL) de sel

1 c. à thé (5 mL) de graines d'aneth

1½ tasse (375 mL) d'eau ou de vin blanc

Disposer en rangs alternés la choucroute, les oignons, l'ail et les os dans le caquelon Panasonic. Saupoudre chaque rang de sel et de graines d'aneth mélangés. Verser l'eau sur le tout. Recouvrir du couvercle perforé e du couvercle de verre.
Faire cuire de 30 à 35 minutes à « High ».
Dans l'intervalle, préparer les boulettes.
Mélanger dans un bol :

1½ tasse (375 mL) de farine tout usage

1 c. à thé (5 mL) de persil séché

1 c. à thé (5 mL) de sarriette d'été

2 c. à thé (10 mL) de poudre à pâte

1/2 c. à thé (2 mL) de sel

Mélanger dans un second bol :

2/3 de tasse (160 mL) de lait

1 oeuf

2 c. à soupe (30 mL) d'huile végétale

Mélanger les deux seulement au moment de la cuisson.

La cuisson :
Retirer la viande du plat. Mélanger les boulettes. Les disposer à la cuiller sur la choucroute. Couvrir et fair cuire de 5 à 6 minutes à « High ».

* *Vous pouvez demander au boucher de vous remettre les os retirés du rôti de longe de porc de 4 lb (2 kg), ou les remplacer par 2 lb (1 kg) de côtes levées de porc.*

Longe de porc désossée rôtie
Cuisson par sonde thermométrique (« Probe »)

Une longe de porc de 3 à 4 lb (1,5 à 2 kg) désossée et roulée

3 c. à soupe (50 mL) de gras de bacon ou de margarine

1 c. à thé (5 mL) de moutarde sèche

1 gousse d'ail émincée

1/4 de c. à thé (1 mL) de poivre noir

1 c. à thé (5 mL) de sarriette ou de sauge

6 pommes de terre

1 c. à thé (5 mL) de gros sel

Mettre en crème le gras de bacon ou la margarine, la moutarde, l'ail, le poivre noir, la sarriette ou la sauge. En badigeonner le dessus du rôti.

Placer la plaque anti-éclaboussures dans le plateau en céramique du four, surmonter de la grille basse, disposer une assiette à tarte en céramique sous la grille.

Poser le rôti sur la grille, insérer la sonde thermométrique (« Probe ») dans le four et dans la viande, presser sur la touche C5. Le four décide de la durée de la cuisson. Si votre four est muni d'une sonde thermométrique, consulter les directives données dans votre manuel.* Laisser reposer 15 minutes, couvert.

Frotter les pommes de terre avec un peu de gras, et les enrober de gros sel. Les disposer autour du rôti.

* Ce rôti cuit par convexion avec la sonde thermométrique. Comme les directives de cuisson varient légèrement selon les différents fours, il est conseillé de lire les directives de votre manuel. Il est facile d'adapter ces directives étant donné que la préparation de la pièce de viande ne change pas.

Crêpe aux saucisses et maïs
Cuisson par convexion

On peut faire cette crêpe avec une demi-livre ou une livre (250 ou 500 g) de saucisses. Servir avec une salade verte. Vous aurez un repas complet facile à faire.

1 lb (500 g) de saucisses de votre choix

1 boîte de 12 onces (341 mL) de maïs en grains entiers

2 oeufs légèrement battus

4 oignons verts ou 1 petit oignon, hachés

2/3 de tasse (160 mL) de biscuits soda écrasés

3 c. à soupe (50 mL) de persil émincé

1 c. à thé (5 mL) de marjolaine

1/4 de c. à thé (1 mL) de poivre

1 c. à thé (5 mL) de sel

Placer les saucisses dans un plat, recouvrir d'eau chaude. Cuire 10 minutes à « High ». Bien égoutter et placer dans une assiette à tarte de 9 po (22,5 cm), assez profonde.

Égoutter le maïs, en réservant l'eau, verser le maïs sur les saucisses. À l'eau réservée ajouter assez de lait pour obtenir 1½ tasse (375 mL) de liquide, ajouter le reste des ingrédients, bien mélanger. Verser sur les saucisses. Cuire au four préchauffé par convexion à 350°F (180°C) de 35 à 45 minutes ou jusqu'à ce que la crêpe soit bien gonflée et dorée.

Demi-jambon glacé au miel (photo page 96-97 verso en haut)
Cuisson aux micro-ondes

Ce plat est parfait lorsqu'on utilise un jambon qui n'est pas précuit. Lisez attentivement l'étiquette pour bien suivre les indications. On peut aussi se servir d'un demi-jambon dans le gigot ou d'une petite épaule entière.

4 à 5 lb (2 à 2,5 kg) d'épaule ou de gigot de jambon

1/2 tasse (125 mL) de cassonade

un bâton de cannelle

6 clous de girofle

10 grains de poivre

6 grains entiers de quatre-épices

1 petit oignon pelé et coupé en quatre

Retirer le jambon de l'emballage. Le mettre dans un sac à cuisson en plastique et y ajouter tous les ingrédients. Attacher avec une ficelle mouillée ou une bande découpée du sac. Ne pas trop serrer le jambon dans le sac. Faire une incision avec la pointe d'un couteau dans le haut du sac. Placer dans un plat de cuisson en verre de 12 sur 7 po (30 sur 18 cm). Faire cuire 10 minutes à « High ». Continuer la cuisson pendant 35 minutes à « Medium ». Retourner le sac à mi-cuisson. Quand le jambon est cuit, le retirer du sac et le placer sur le plat de service. Enlever la couenne s'il y a lieu. Napper le jambon de la « glace » qui suit :

La glace

1/2 tasse (125 mL) de miel

1 c. à soupe (15 mL) de vinaigre de cidre

1 c. à thé (5 mL) de fécule de maïs

le zeste d'une orange

le jus d'une demi-orange

Mettre tous les ingrédients dans une tasse à mesurer de 4 tasses (1 L). Faire cuire 2 minutes à « High ». Bien remuer et napper le jambon. Arroser 5 à 6 fois. Mettre au four à micro-ondes de 4 à 5 minutes à « Medium », arroser le jambon 3 fois pendant la cuisson avec la sauce. Retirer du four et continuer d'arroser 5 à 6 fois. Servir chaud ou froid.

Tranche de jambon glacée à l'orange

Cuisson aux micro-ondes *(dernière photo recto)*

Un des plats de jambon que je préfère. Vite faite et très belle pièce lorsqu'on la prépare avec une tranche de jambon de 2 po (5 cm) d'épaisseur. Excellent comme plat chaud ou froid pour un buffet.

1/2 tasse (125 mL) de cassonade

1 c. à soupe (15 mL) de fécule de maïs

1 c. à thé (1 mL) de poudre de cari

1/2 tasse (125 mL) de jus d'orange frais

le zeste de 2 oranges

une tranche de jambon de 1 à 2 po (2,5 à 5 cm) d'épaisseur

6 clous de girofle

Mettre dans un plat en verre de 12 sur 9 po (30 sur 22,5 cm) la cassonade, la fécule de maïs et la poudre de cari. Mélanger et ajouter le zeste et le jus d'orange. Bien mélanger. Mettre la tranche de jambon sur ce mélange, la retourner deux ou trois fois, de manière à ce que toutes les parties soient recouvertes du mélange. Piquer les clous de girofle ici et là dans le gras du jambon. Faire cuire 10 minutes, non couvert, à « Medium ». Remuer et arroser le jambon à mi-cuisson. Couvrir et compléter la cuisson pendant 10 minutes à « Medium ». Laisser reposer 5 minutes, sans découvrir. Mettre le jambon sur un plat, bien remuer la sauce et l'utiliser pour glacer le dessus de la tranche de jambon. Très intéressant entouré de sauce aux canneberges.

Jambon poché à l'alsacienne

Cuisson aux micro-ondes

Qu'on le serve chaud ou froid, il y a peu de manières de préparer un jambon poché qui soit plus savoureux et plus tendre que celui que donne cette méthode alsacienne.

1/4 de tasse (60 mL) de beurre ou de margarine

2 carottes moyennes pelées et tranchées mince

2 poireaux lavés et tranchés mince

1 gros oignon tranché mince

2 branches de céleri taillées en dés

1 jambon de 3 à 5 lb (1,5 à 2,5 kg), pré-cuit

2 tasses (500 mL) de vin blanc ou de cidre sec ou de bière légère

4 clous de girofle

4 c. à soupe (60 mL) de cassonade

3 c. à soupe (50 mL) de fécule de maïs

2 c. à soupe (30 mL) de rhum ou de cognac

Dans une casserole de céramique de 8 tasses (4 L), fondre le beurre 3 minutes à « High ». Ajouter carottes, poireaux, oignons et céleri. Bien mélanger. Cuire 5 minutes à « High ». Brasser et placer le jambon sur ce lit de légumes. Ajouter le reste des ingrédients, excepté la fécule de maïs, le rhum ou le cognac.
Rouler le jambon dans le mélange, couvrir et cuire 30 minutes à « Medium ». Retourner le jambon à mi-cuisson. Laisser reposer 20 minutes sans découvrir. Retirer le jambon du plat. Passer le jus au tamis, le mettre dans le plat de cuisson. Mélanger la fécule avec le rhum ou le cognac. Ajouter et mélanger au jus de cuisson. Bien brasser, cuire 4 à 5 minutes à « Medium-High », en brassant deux fois pendant la cuisson. La sauce cuite sera crémeuse, légère et transparente. Verser dans une saucière et réchauffer le temps requis au moment de servir.
Une autre manière de servir le jambon froid : le placer dans un grand plat, le recouvrir de sauce cuite et l'arroser à plusieurs reprises pendant 15 à 20 minutes, ce qui glacera le jambon.

Pain de jambon
Cuisson par convexion

Je le sers froid, tranché très mince, avec une salade de concombres et d'oignons blancs, marinés 2 heures dans une vinaigrette de mon choix.

1½ lb (750 g) de jambon cru ou cuit haché

1/4 de lb (125 g) de porc haché

3 oeufs légèrement battus

1/2 tasse (125 mL) de crème de céleri, non diluée

1/2 c. à thé (2 mL) de marjolaine ou de cari

1/2 c. à thé (2 mL) de moutarde sèche

1 tasse (250 mL) de chapelure fine

Mélanger le tout, suivant l'ordre des ingrédients. Bien tasser dans un moule à pain de 9 sur 5 po (22,5 sur 13 cm). Placer la grille à rissoler sur le plat en céramique. Préchauffer le four à 350°F (180°C) pendant 15 minutes. Mettre le pain de viande sur la grille. Faire cuire de 30 à 40 minutes ou jusqu'à ce que le pain soit d'un beau doré.

Saucisses, oeufs brouillés et pommes de terre dorées *(dernière photo verso en haut)*
Cuisson aux micro-ondes

Excellent lunch, nourrissant et vite préparé.

2 pommes de terre moyennes

1/2 lb (250 g) de saucisses

4 oeufs

sel et poivre

1 c. à soupe (15 mL) de beurre

oignons verts ou persil émincé

Laver les pommes de terre. Faire une ou deux incisions dans chacune avec la pointe d'un couteau. Placer sur une grille à micro-ondes. Faire cuire 5 à 6 minutes à « High ». Laisser refroidir.* Saupoudrer les saucisses de paprika. Mettre dans un plat de cuisson en céramique de 8 sur 8 po (20 sur 20 cm). Faire cuire 5 à 6 minutes à « High ». Retourner les saucisses à mi-cuisson. Les saucisses cuites seront dorées ici et là. Mettre sur un plat de service chaud. Garder dans un endroit chaud.
Peler les pommes de terre, les couper en dés, les saupoudrer de paprika et d'oignons verts. Mélanger et déposer dans le gras de cuisson des saucisses. Bien mélanger et disposer en forme de couronne autour du plat. Faire cuire 5 minutes à « High ». Bien remuer et ajouter aux saucisses. Faire fondre le beurre 1 minute à « High » dans le milieu du plat de cuisson. Y casser les oeufs. Piquer chaque jaune et chaque blanc avec la pointe d'un couteau. Couvrir le plat avec un papier de plastique ou un papier ciré. Faire cuire à « Medium » 1 minute par oeuf ou un peu plus si désiré. Servir avec les saucisses et les pommes de terre.

* Des pommes de terre déjà cuites peuvent être utilisées.

Saucisses grillées
Cuisson aux micro-ondes

Une fois que vous aurez goûté aux saucisses de porc cuites au four à micro-ondes, vous ne voudrez plus les faire cuire au poêlon.

1/2 lb (250 g) de saucisses de porc

paprika et sel d'ail

une pincée de sarriette, au goût

Préchauffer le plat à griller (Corning) de 8 sur 8 po (20 sur 20 cm) 7 minutes à « High ». Saupoudrer les saucisses de paprika et de sel d'ail. Mettre dans le plat chaud, sans le retirer du four. Faire griller 2 minutes à « High ». Tout en tenant les deux poignées, remuer le plat pour retourner les saucisses. Faire cuire encore 2 minutes à « High ». Servir.

Saucisses Yorkshire
Cuisson par convexion

Des saucisses bien dorées dans une crêpe qui se démoule très bien... un plat parfait pour le « brunch » ou un repas léger. Il faut les cuire par convexion.

6 à 8 saucisses de porc

3 oeufs, légèrement battus

1 tasse (250 mL) de lait

1/2 tasse (125 mL) de farine

1/2 c. à thé (2 mL) de sel

1/4 de c. à thé (1 mL) de sarriette ou de cari

paprika

Mettre les saucisses dans un plat. Les recouvrir d'eau chaude (celle du robinet suffit). Faire cuire 5 minutes à « High ». Bien égoutter. Mélanger les oeufs, le lait, la farine, le sel et la sarriette ou le cari, jusqu'à l'obtention d'une belle pâte homogène. Mettre les saucisses dans une assiette à tarte de 9 po (22,5 cm). Recouvrir avec la pâte. Saupoudrer légèrement de paprika. Placer sur une grille à rissoler. Cuire à 425°F (220°C) pendant 20 à 25 minutes ou jusqu'à ce que la crêpe soit bien gonflée et les saucisses bien dorées.

Sauce à spaghetti
Cuisson aux micro-ondes

2 côtelettes de porc hachées

2 oignons moyens émincés

2 branches de céleri en dés

1 carotte râpée

1/2 c. à thé (2 mL) de basilic ou d'origan

1 feuille de laurier

Mettre tous les ingrédients dans une casserole de 4 tasses (1 L). Faire cuire 8 minutes à « High », en brassant deux fois.

Ajouter :

1 boîte de 19 oz (540 mL) de tomates

1 c. à thé (5 mL) de sel

1 c. à thé (5 mL) de sucre

1/2 c. à thé (2 mL) de poivre

Bien mélanger et faire cuire 4 minutes à « High ».

Cette sauce agrémente une portion de 8 onces (250 g) de spaghetti cuit.

La magie des sauces

La magie des sauces

Le nombre des ingrédients, cuits ou crus, qui peuvent servir à la confection d'une sauce savoureuse est sans limite. Lorsque vous aurez appris à bien faire les sauces classiques les mieux connues et que vous connaîtrez à fond les ingrédients de base qui les composent, vous n'aurez plus qu'à donner libre cours à votre imagination.

La sauce parfaite rehausse l'apparence et aussi la saveur du mets qu'elle accompagne. Les herbes, les essences, les épices et le sel ne modifient pas la recette de base, non plus qu'ils n'en changent la texture. Vous pouvez aussi, à votre guise, donner à la sauce une consistance plus ou moins épaisse.

Si les sauces ne vous ont jamais beaucoup attiré à cause du temps qu'exige leur préparation, vous changerez bientôt d'avis avec un four à micro-ondes. Vous verrez que les difficultés et les précautions ainsi que le temps requis pour faire une sauce, pour éviter les grumeaux, la sauce qui colle et la nécessité bien souvent de brasser sans arrêt, sont grandement réduits. Vous pourrez même faire certaines sauces d'avance, les réfrigérer ou les laisser à la température de la pièce, pour n'avoir qu'à les réchauffer au moment de servir. Vous apprendrez aussi très vite à adapter vos sauces préférées à la cuisson aux micro-ondes. Ce qui est important c'est de bien brasser une sauce, même deux ou trois fois durant la cuisson et d'user de votre jugement pour le temps de cuisson. À titre d'exemple, si la recette d'une sauce blanche demande 5 minutes de cuisson à « High », et que le lait, le beurre et la farine sont bien froids, ou si le beurre est mou et le lait à la température de la pièce, alors le temps de cuisson pourra varier de 1 ou 2 minutes; si vous préférez aller moins vite, faites la sauce à « Medium », ce qui prendra sûrement 2 à 4 minutes de plus que pour la sauce cuite à « High ».

Ne craignez pas d'ouvrir la porte du four pour vérifier la cuisson, car il y a la chaleur résiduelle qui reste dans les ingrédients pendant que vous les brassez.

Les sauces sont importantes en cuisine puisqu'elles permettent de garnir, d'étirer ou de lier les ingrédients, ainsi que d'y ajouter un arôme particulier.

Un rôti parfait doit avoir une sauce parfaite

Comment faire une sauce parfaite :
1. Une sauce crémeuse, par l'addition de farine.
2. Une sauce claire, par l'addition d'un liquide froid au fumet dans la casserole.
3. Une sauce à saveur raffinée, par l'addition d'une boîte de consommé non dilué, ce qui fait une meilleure sauce et lui donne une couleur plus accentuée.

Une bonne sauce à la farine est de couleur appétissante.

Ajouter la farine au fumet, bien brasser, cuire 2 minutes à « High », et brasser de nouveau.

Les proportions parfaites pour une sauce à la farine sont de 2 c. à soupe (30 mL) de gras pour 2 c. à soupe (30 mL) de farine. Si plus de 2 c. à soupe (30 mL) de gras sont utilisées, la sauce se sépare et devient grasse. Utiliser 1/2 tasse (125 mL) de liquide pour chaque cuillerée à soupe de farine.

Le liquide utilisé pour faire une sauce claire est ce qui fait toute la différence. Aucune règle n'exige l'utilisation de l'eau froide. Un reste de thé ou de café, du jus de tomate, du lait, de la crème, du vin, etc., donnera à la sauce une saveur et une couleur distinctes.

Notes sur les sauces et leurs variantes

La farine ou un autre féculent mêlé à un liquide froid
Le liquide froid utilisé peut être de l'eau, du lait, du vin, des jus de légumes ou de fruits, du consommé, et le féculent, une farine quelconque telle que la farine de blé ou de pommes de terre, la fécule de maïs ou le tapioca fin. La texture de la sauce varie légèrement selon le liquide et le féculent utilisés. Le mode de préparation est toujours le même quel que soit le liquide, qui doit être froid, auquel le féculent est ajouté; puis il faut brasser pour obtenir un mélange lisse ou une pâte légère, et verser dans la sauce ou l'eau ou le bouillon bouillant. Battre sans arrêt avec un fouet métallique jusqu'à parfait mélange. Pour une texture lisse, crémeuse, sans goût de féculent, cuire à « Medium High » 1 à 3 minutes, en brassant

pour bien mélanger après chaque minute de cuisson jusqu'à l'obtention de la consistance désirée.
La proportion habituelle de farine par rapport au liquide est de 2 c. à thé (10 mL) de farine pour chaque
1/2 tasse (125 mL) de liquide. Pour remplacer 2 c. à thé (10 mL) de farine de blé, utiliser 1 c. à thé
(5 mL) de fécule de maïs, 1⅔ de c. à thé (8 mL) de farine de riz ou encore 2/3 de c. à thé (3 mL) de
farine de pommes de terre ou d'arrow-root.

Comment faire une sauce veloutée
On appelle « fumet » le liquide accumulé dans l'assiette sous le rôti; il y en a en moyenne de 3/4 à
1 tasse (200 à 250 mL).

Pour faire la sauce veloutée
Retirer 3 c. à soupe (50 mL) du gras accumulé dans l'assiette et mettre dans un plat, ajouter 2 c. à soupe
(30 mL) de farine, brasser, cuire à « Medium High » 1 minute, en brassant deux fois durant la cuisson.
Verser le reste du fumet accumulé dans l'assiette dans une tasse à mesurer, y ajouter une quantité
suffisante de consommé de poulet ou de boeuf, ou de crème, ou de vin blanc léger, pour avoir
1 à 1½ tasse (250 à 275 mL) de liquide; chacun de ces liquides donne une saveur et une texture
particulières à la sauce. Bien remuer, ajouter le féculent mélangé aux 3 c. à soupe (50 mL) de gras.
Mélanger et cuire à « High » 2 à 3 minutes. Brasser une ou deux fois, de préférence avec un fouet, pour
obtenir une texture crémeuse. Saler et poivrer au goût.

Sauce brune de base

1/2 tasse (125 mL) de céleri haché

1/2 tasse (125 mL) de carottes hachées

1/2 tasse (125 mL) d'oignons hachés

1/4 de c. à thé (1 mL) de thym séché

1 feuille de laurier

1/4 de c. à thé (1 mL) de marjolaine,
de sarriette ou d'estragon séché

3 c. à soupe (50 mL) de gras du rôti

4 c. à soupe (60 mL) de farine

2 tasses (500 mL) de bouillon de boeuf *ou* le
fumet accumulé sous le rôti plus eau, ou vin
blanc ou rouge (blanc avec la viande blanche,
rouge avec la viande rouge) pour obtenir
2 tasses (500 mL) de liquide

Pour commencer, préparer les légumes, puis ajouter les herbes. Retirer du fumet 3 c. à soupe (50 mL) de gras, brasser les légumes et les herbes dans le gras avec une cuillère de bois, ajouter 2 c. à soupe (30 mL) d'eau. Cuire à « High » 3 minutes, en brassant une fois durant la cuisson.

Saupoudrer de farine les légumes ramollis et brasser pour bien mélanger. Cuire à « High » 3 à 4 minutes, jusqu'à ce que de petites taches brunes apparaissent ici et là. Ajouter 1 c. à thé (5 mL) de « Kitchen Bouquet » ou 1/2 c. à thé (2 mL) de mélasse. Ajouter le liquide de votre choix, bien mélanger le tout, assaisonner au goût, remettre au four et cuire 5 minutes à « Medium High », en brassant une ou deux fois durant la cuisson.

Variantes de la sauce brune de base

Sauce Robert
Pour rôti de porc, ou pour réchauffer du boeuf ou des légumes à racines.
Au lieu des trois légumes et des herbes de la sauce brune de base, utiliser seulement 4 oignons hachés. Aromatiser avec 1/4 de c. à thé (1 mL) de thym séché et le zeste râpé de 1 citron. Remplacer 1/2 tasse (125 mL) du liquide par 1/2 tasse (125 mL) de vin blanc.
Pour finir, aromatiser la sauce avec 1 c. à thé (5 mL) de moutarde de Dijon.

Sauce piquante
Pour le veau rôti, les plats de porc et toutes les côtelettes.
Au lieu des légumes de la sauce brune de base, utiliser seulement des oignons comme pour la sauce Robert. Aromatiser avec 1 feuille de laurier et 1/4 de c. à thé (1 mL) de sel. Remplacer 1/4 de tasse (60 mL) du liquide par 1/4 de tasse (60 mL) de vinaigre de cidre, et ajouter 1 c. à thé (5 mL) de sucre. Lorsque la sauce est cuite, y ajouter 4 c. à soupe (60 mL) de petits cornichons tranchés.

Sauce espagnole
Ajouter 2 gousses d'ail émincées et une généreuse quantité de poivre frais moulu aux légumes de la sauce brune de base. Lorsque les légumes sont ramollis et transparents, y ajouter 2 c. à soupe (30 mL) de purée de tomates. Achever la sauce suivant la méthode de base.

Sauce madère
Pour toutes les viandes rôties et le jambon bouilli.
Ajouter 1/4 de tasse (60 mL) de madère sec aux 2 tasses (500 mL) de liquide de la sauce brune de base, ou substituer 1/2 tasse (125 mL) de madère à 1/2 tasse (125 mL) du liquide.

Sauce chasseur
Pour servir avec veau, viande hachée, pain de viande, etc.

4 oignons verts émincés

2 c. à soupe (30 mL) de beurre

1 tasse (250 mL) de tomates fraîches ou de tomates en boîte bien égouttées

1 petite gousse d'ail

1/4 de c. à thé (1 mL) de sel

1/2 c. à thé (2 mL) de basilic

1/2 c. à thé (2 mL) de sucre

1/2 tasse (125 mL) de vin blanc

1 tasse (250 mL) de sauce brune de base

1/4 lb (125 g) de champignons tranchés mince

2 c. à soupe (30 mL) de beurre

Mettre les oignons verts et le beurre dans un plat, cuire 3 minutes à « High », en brassant une fois. Peler ou égoutter les tomates et les couper en dés; ajouter aux oignons verts ainsi que l'ail, le basilic, le sucre et le sel. Couvrir et cuire 5 minutes à « Medium ».
Ajouter le vin et la sauce brune de base. Bien brasser et cuire 5 minutes à « Medium ».
Dans un autre plat, faire fondre les 2 c. à soupe (30 mL) de beurre pendant 1 minute à « High ». Ajouter les champignons, bien mélanger et cuire 2 minutes à « High ». Bien brasser. Ajouter à la sauce brune. Vérifier l'assaisonnement. Si nécessaire, chauffer 1 minute à « High ».

Sauce diable

4 oignons verts émincés

1 c. à soupe (15 mL) de beurre

1 tasse (250 mL) de vin blanc ou 2/3 de tasse (160 mL) de vermouth français

poivre frais moulu

2 tasses (500 mL) de sauce brune de base

Mettre le beurre et les oignons verts dans un plat de cuisson, cuire 2 minutes à « High ». Bien mélanger, ajouter le vin ou le vermouth, cuire 3 minutes à « High ». Brasser et cuire 2 minutes de plus à « High », ou jusqu'à ce que le vin soit presque réduit. Ajouter la sauce brune de base et cuire 2 minutes à « Medium », bien brasser et servir.

Sauce brune du chef

1/2 c. à thé (2 mL) de sucre

1 petit oignon haché

3 c. à soupe (50 mL) de beurre

2 c. à soupe (30 mL) de farine

1 boîte de bouillon de boeuf de 10 oz (284 mL), non dilué

1/8 de c. à thé (0,5 mL) de thym

1 feuille de laurier

1/4 de tasse (60 mL) de lait

1/2 tasse (125 mL) de lait écrémé en poudre

1/4 de tasse (60 mL) d'eau

2 c. à thé (10 mL) de purée de tomates

Mettre le sucre et l'oignon dans un bol de 4 tasses (1 L). Cuire à découvert 2 minutes à « High » ou jusqu'à ce que le sucre ait partiellement bruni. Ajouter le beurre. Cuire à découvert 1 minute à « High ». Bien mélanger. Ajouter la farine, mélanger, ajouter le bouillon de boeuf, le thym, le laurier et le 1/4 de tasse (60 mL) de lait. Brasser soigneusement et cuire à découvert 1 minute à « High ». Ajouter le lait en poudre, l'eau et la purée de tomates. Bien mélanger de nouveau. Cuire à découvert 2 à 3 minutes à « High », en brassant une fois à mi-cuisson. La sauce doit être crémeuse.

Sauce brune simplifiée

Si vous aimez beaucoup les sauces, faites cette sauce facile à préparer. Elle se conserve au réfrigérateur de 8 à 10 jours.

1/4 de tasse (60 mL) d'oignon émincé

1/2 c. à thé (2 mL) de sucre

2 c. à soupe (30 mL) de beurre

2 c. à soupe (30 mL) de farine

2 tasses (500 mL) de consommé de boeuf en boîte*

1/8 de c. à thé (0,5 mL) de poivre

1/4 de c. à thé (1 mL) de thym

1 feuille de laurier

2 c. à thé (10 mL) de purée de tomates

Cuire l'oignon et le sucre dans le beurre à « High » pendant 2 minutes. Bien remuer et cuire une minute de plus, si nécessaire, pour que l'oignon commence à dorer ici et là. Ajouter la farine, bien remuer. Ajouter le consommé, le poivre, le thym, la feuille de laurier et la purée de tomates. Cuire à « Medium High » 10 minutes, en brassant trois fois durant la cuisson.

Note : Ajouter assez d'eau au consommé pour obtenir 2 tasses (500 mL) de liquide.

Sauce Robert à la sauce brune simplifiée

1 c. à soupe (15 mL) de beurre

1 c. à soupe (15 mL) d'huile végétale

1 oignon émincé

1 tasse (250 mL) de vin blanc

1 recette de sauce brune simplifiée

3 à 4 c. à thé (15 à 20 mL) de moutarde de Dijon

3 c. à soupe (50 mL) de beurre mou

3 c. à soupe (50 mL) de persil émincé

Mettre le beurre, l'huile végétale et l'oignon dans un plat à cuisson, bien mélanger, ajouter le vin, remuer et faire cuire à « High » 5 à 8 minutes, en brassant trois fois durant la cuisson. Le vin doit réduire sans que l'oignon ne s'assèche.
Chauffer la sauce brune 1 minute à « High ». Y ajouter la réduction du vin. Mélanger la moutarde, le beurre mou et le persil émincé, ajouter à la sauce et remuer pour bien mélanger. Chauffer 1 minute à « High », bien remuer et servir.

Sauce rapide au madère ou au porto
Délicieuse sauce de la cuisine anglaise classique.

1/4 de tasse (60 mL) de madère ou de porto

1 recette de sauce brune simplifiée

2 c. à soupe (30 mL) de beurre

Ajouter le madère ou le porto à la sauce brune simplifiée, cuire 5 minutes à « Medium High », en remuant trois fois durant la cuisson. Retirer du four. Ajouter le beurre, brasser jusqu'à ce que le beurre ait fondu.

Sauce pour arroser les rôtis

Utiliser pour badigeonner les rôtis, quels qu'ils soient, le bifteck grillé aux micro-ondes, le poulet, le canard ou l'agneau. Un ou deux arrosages pendant la cuisson suffisent pour donner une saveur très intéressante à la viande.

1 gousse d'ail coupée en deux

1/2 tasse (125 mL) de jus de citron frais ou d'huile végétale

2 c. à thé (10 mL) de marjolaine ou de basilic

1/2 c. à thé (2 mL) de poivre frais moulu

2 c. à thé (10 mL) de sel

1/3 de tasse (80 mL) de sauce Worcestershire

Mettre les ingrédients dans un bocal de verre. Bien fermer, agiter fortement et réfrigérer. Se conserve 1 mois. Bien agiter avant d'utiliser.

Dorure pour arroser les viandes

On badigeonne les viandes de ce mélange pour les aromatiser et les faire dorer lorsqu'on les cuit au four à micro-ondes. Cette dorure peut servir pour toutes les viandes, volailles incluses.

1 c. à soupe (15 mL) d'huile végétale ou de margarine ou de beurre doux et fondu (1 minute à « High »)

1 c. à thé (5 mL) de paprika

1 c. à thé (5 mL) de « Kitchen Bouquet »

1/4 de c. à thé (1 mL) de thym, estragon, basilic, marjolaine, cumin ou cari

Mélanger tous les ingrédients et en badigeonner les viandes avant de les cuire.

Aromates pour arroser les viandes

Utiliser l'aromate de votre choix pour arroser les viandes avant et durant la cuisson et pour en rehausser la saveur et les faire dorer :

Dorure maison pour le boeuf

2 c. à soupe (30 mL) de madère ou de whisky ou de thé froid

ou

1 c. à thé (5 mL) de purée de tomates *et* 3 c. à thé (15 mL) d'eau

ou

4 c. à soupe (60 mL) de consommé en boîte non dilué

Chauffer l'aromate de votre choix 30 secondes à « High ». Utiliser pour badigeonner la viande avant et pendant la cuisson.

Côtelettes de veau panées (p. 50) →

Dorure maison pour le porc

le zeste et le jus d'une demi-orange

ou

1/4 de tasse (60 mL) de jus d'atocas mélangé
    à 1 c. à thé (5 mL) de fécule de maïs

ou

3 c. à soupe (50 mL) d'eau *et*
2 c. à thé (10 mL) de café instantané

Chauffer l'aromate de votre choix 30 secondes à « High ». Utiliser pour badigeonner la viande avant et pendant la cuisson.

Dorure maison pour le veau

3 c. à soupe (50 mL) de vin blanc ou de sherry
    sec

ou

1 c. à soupe (15 mL) de sauce de soja
    (marque japonaise de préférence)

ou

2 c. à soupe (30 mL) de sauce Teriyaki (en
    bouteille)

ou

2 c. à thé (10 mL) de sauce Worcestershire

ou

2 c. à soupe (30 mL) de crème sure

Ajouter 1 c. à thé (5 mL) de paprika à l'aromate de votre choix. Chauffer 30 secondes à « High ». Bien mélanger et en badigeonner la viande avant et pendant la cuisson.

Dorure maison pour l'agneau

2 à 3 c. à soupe (30 à 50 mL) de madère

ou

1 c. à soupe (15 mL) de sauce à la menthe
    (pas de gelée)

ou

2 c. à thé (10 mL) de café instantané *et*
3 c. à soupe (50 mL) d'eau

ou

le jus et le zeste d'un demi-citron *et*
1/2 c. à thé (2 mL) de gingembre frais râpé

Chauffer l'aromate de votre choix 30 secondes à « High ». Utiliser pour badigeonner la viande avant et pendant la cuisson.

Sauce vaucluse

2 c. à soupe (30 mL) de beurre

2 c. à soupe (30 mL) de farine

1½ tasse (375 mL) de crème

sel et poivre au goût

2 jaunes d'oeufs battus

1 recette de sauce hollandaise

Faire fondre le beurre 1 minute à « High ». Ajouter la farine et bien mélanger. Ajouter la crème, bien brasser. Cuire 3 à 4 minutes à « High », en brassant quelques fois durant la cuisson, jusqu'à ce que la sauce soit crémeuse. Ajouter alors les jaunes d'oeufs battus en brassant sans arrêt, et la sauce hollandaise de votre choix, en continuant de battre pour obtenir une sauce lisse et crémeuse.
Pour réchauffer, chauffer la sauce 1 minute à « High », bien brasser, et si nécessaire, cuire 30 secondes de plus à « Medium High ». Bien brasser et servir.

← En haut : Demi-jambon glacé au miel (p. 84)

← En bas : Petites côtes de boeuf, sauce barbecue (p. 36)

Sauce marinade pour attendrir la viande

Les parties moins tendres des viandes, telles que l'épaule, la poitrine, le talon de ronde, le boeuf à ragoût, deviendront tendres si elles sont marinées dans ce mélange.

2/3 de tasse (160 mL) d'oignon haché fin

3/4 de tasse (200 mL) de feuilles de céleri émincées

1/3 de tasse (80 mL) de vinaigre de cidre

1/2 tasse (125 mL) d'huile végétale

1 tasse (250 mL) de jus de raisin

1 c. à soupe (15 mL) de sauce piquante

1/2 c. à thé (2 mL) de sel

1/8 de c. à thé (,05 mL) d'ail en poudre

Bien mélanger le tout. Verser sur la pièce de viande de manière à ce que la viande soit recouverte. Réfrigérer de 12 à 24 heures.

Pour rôtir, bien égoutter la pièce de viande de la marinade. Rôtir suivant les indications de la recette choisie. Arroser le rôti deux à trois fois durant la cuisson avec la marinade.

Sauce aux pommes

Délicieuse servie avec le porc ou le jambon.

4 à 5 pommes, en quartiers

4 c. à soupe (60 mL) d'eau

2 c. à soupe (30 mL) de beurre

Peler les pommes, les couper en quartiers et les mettre dans un plat à cuisson, y ajouter l'eau. Couvrir et cuire à « High » 5 minutes. Retirer du four, passer les pommes au tamis ou les mettre en purée dans un robot culinaire. Remettre au four 1 minute à « High ». Ajouter le beurre, bien brasser jusqu'à ce que le beurre ait complètement fondu. Ne pas sucrer.

Véritable hollandaise

Une sauce délicieuse qui se fait sans problème !

1/3 à 1/2 tasse (80-125 mL) de beurre doux ou salé

2 jaunes d'oeufs

le jus d'un petit citron

Mettre le beurre dans une petite casserole ou une mesure de 2 tasses (500 mL). Chauffer 1 minute à « Medium High ». Ajouter les jaunes d'oeufs et le jus de citron. Bien battre avec un fouet. Cuire 20 secondes à « Medium High », bien battre et si nécessaire cuire encore 20 secondes à « Medium High », pour obtenir une consistance crémeuse. Battre, saler au goût et servir.

Ma sauce tomate préférée

Servir pour accompagner le veau ou le porc, ou avec des dessertes de viande tranchées mince, recouvertes de la sauce et réchauffées pour le service.

3 tranches de bacon coupées en dés	1/2 c. à thé (2 mL) de thym
1 gros oignon émincé	1/2 c. à thé (2 mL) de sel
1 c. à soupe (15 mL) de farine	1/2 tasse (125 mL) de purée de tomates
4 grosses tomates	1 c. à thé (5 mL) de sucre
1/8 de c. à thé (0,5 mL) de muscade râpée	

Mettre le bacon dans un bol de 4 tasses (1 L) et couvrir de papier ciré. Faire cuire 2 minutes à « High ». Retirer les dés de bacon du plat. Ajouter l'oignon au gras, cuire 4 minutes à « High », en brassant à mi-cuisson. Ajouter la farine et bien mélanger, incorporer le reste des ingrédients. Bien mélanger. Couvrir et cuire 5 minutes à « High », en remuant deux fois durant la cuisson. Vérifier l'assaisonnement. Ajouter le bacon, bien brasser.
Cette sauce se conserve une semaine, réfrigérée dans un bocal de verre. Pour la réchauffer, la mettre dans un plat et chauffer de 2 à 3 minutes à « High ».

Sauce aux raisins

Sauce douce servie avec du jambon, des petites langues et du veau.

1/2 tasse (125 mL) de cassonade	zeste d'un demi-citron, non râpé
1 c. à soupe (15 mL) de fécule de maïs	1½ tasse (375 mL) d'eau
1 c. à thé (5 mL) de moutarde sèche	1/3 de tasse (80 mL) de raisins sans pépins
2 c. à soupe (30 mL) de vinaigre de cidre	1 c. à soupe (15 mL) de beurre
2 c. à soupe (30 mL) de jus de citron	

Bien mélanger les ingrédients dans une mesure de 4 tasses (1 L) et cuire 4 minutes à « High ». Brasser et cuire 1 ou 2 minutes de plus, si nécessaire.

Pour épaissir la sauce

Au gras de la casserole ou de l'assiette, ajouter 2 c. à soupe (30 mL) de farine, avant d'ajouter le liquide. Bien délayer. Ajouter de l'eau froide ou du thé froid, du porto, de la vodka, du vermouth blanc ou du vin rouge. Remuer et gratter le fond de la casserole. Cuire 2 minutes à « High ». Brasser jusqu'à consistance crémeuse.

Sauce barbecue

Cette sauce se garde dix jours au réfrigérateur ou deux mois au congélateur.

3 c. à soupe (50 mL) d'huile végétale ou d'huile d'olive

1 enveloppe de soupe à l'oignon

1/2 tasse (125 mL) de céleri en cubes

3/4 de tasse (200 mL) de sauce Chili ou de ketchup

1/4 de tasse (60 mL) de jus de tomates, de vin rouge ou d'eau

1/4 de c. à thé (1 mL) de graines de céleri

1/4 de tasse (60 mL) de vinaigre de cidre

1/4 de tasse (60 mL) de cassonade

1 c. à soupe (15 mL) de moutarde de Dijon

le zeste d'une orange ou d'un citron

Mettre l'huile et le mélange de soupe à l'oignon dans un bol de 6 tasses (1,5 L). Bien mélanger et cuire à « High » 1 minute. Ajouter le reste des ingrédients et bien remuer. Cuire 4 minutes à « High ». Bien mélanger. Refroidir avant de réfrigérer ou de congeler.

Sauce aurore

Pour accompagner le veau.

3 c. à soupe (50 mL) de beurre

3 c. à soupe (50 mL) de farine

2 tasses (500 mL) de lait ou de bouillon de poulet

1/2 tasse (125 mL) de crème à fouetter

sel et poivre au goût

3 c. à soupe (50 mL) de purée de tomates

1 c. à thé (5 mL) de basilic

3 c. à soupe (50 mL) de persil émincé

1 c. à soupe (15 mL) de beurre mou

Fondre le beurre 1 minute à « High ». Ajouter la farine et bien mélanger. Ajouter le lait ou le bouillon de poulet, bien brasser. Cuire 4 minutes à « High », bien brasser. Lorsque la sauce est bien lisse et crémeuse, ajouter graduellement la crème, en brassant sans arrêt. Saler et poivrer au goût.
Ajouter la purée de tomates, le basilic et le persil; bien mélanger. Cuire 2 minutes à « High ». Bien brasser; si nécessaire cuire encore 2 minutes à « High », ou jusqu'à l'obtention d'une sauce crémeuse. Ajouter la cuillerée de beurre mou, brasser jusqu'à ce que le beurre ait fondu. Ne pas réchauffer la sauce après avoir ajouté la cuillerée de beurre.

Comment beurrer une sauce

Pour achever une sauce selon la méthode du chef, il suffit d'y ajouter un bon morceau de beurre dès la cuisson terminée et de la brasser jusqu'à ce que le beurre ait fondu. La chaleur de la sauce cuite fait fondre le beurre; il n'est pas nécessaire de la remettre au four. C'est ce qui s'appelle « beurrer une sauce ».

Sauce hollandaise au robot culinaire

Préparée de cette façon, la hollandaise se conserve de 2 à 3 jours, réfrigérée, bien couverte. On l'utilise froide sur un steak garni d'avocat ou pour napper de minces tranches de veau. De plus, elle est facile à réchauffer, de 30 secondes à une minute à « Medium »; bien brasser après 30 secondes et chauffer encore 20 à 30 secondes si nécessaire.

1/2 tasse (125 mL) de beurre froid

2 c. à soupe (30 mL) de jus de citron ou de limette

1/2 c. à thé (2 mL) de moutarde de Dijon

1/8 de c. à thé (,05 mL) de poivre

2 jaunes d'oeufs à la température de la pièce

Placer le beurre coupé en dés dans le bol du robot culinaire, sans le couteau de métal. Placer le bol dans le four à micro-ondes et chauffer à « High » de 30 secondes à 1 minute; le beurre ne doit pas fondre, simplement ramollir.

Mettre le bol sur l'appareil, y placer le couteau métallique, ajouter le jus de citron ou de limette, la moutarde et le poivre. Couvrir et mettre l'appareil en marche, opérer 2 secondes ou jusqu'à ce que le mélange soit en crème. Sans arrêter l'appareil, ajouter les jaunes d'oeufs par le tube, 1 à la fois, en mélangeant 30 secondes après l'addition de chaque jaune d'oeuf.

Découvrir, enlever le couteau de métal et cuire à « Medium », à peu près 1 minute. Brasser et ajouter 20 secondes de cuisson, si nécessaire. Servir ou réfrigérer dans un contenant bien couvert.

Long à expliquer, mais très facile à faire.

Variantes de la sauce hollandaise

Sauce mousseline

Ajouter à la sauce hollandaise de votre choix 2 blancs d'oeufs battus en neige. Pour garder la sauce bien mousseuse, n'incorporer les blancs en neige qu'au moment de servir.

Sauce moutarde de luxe

Remplacer le jus de citron de la hollandaise de votre choix par 2 c. à soupe (30 mL) d'eau froide et 1 c. à soupe (15 mL) de moutarde de Dijon, bien mélanger.

Sauce maltaise

Remplacer le jus de citron de la hollandaise de votre choix par 4 c. à soupe (60 mL) de jus d'orange et le zeste râpé d'une orange.

Sauce hollandaise Chantilly

1 recette de sauce hollandaise

1/2 tasse (125 mL) de crème à fouetter

Faire une sauce hollandaise de votre choix. Au moment de servir, fouetter la crème et l'incorporer à la sauce.

Cette sauce se sert tiède, car la réchauffer la ferait tomber ou tourner.

Beurre aux herbes

Préparez ce beurre qui se conserve un mois au réfrigérateur ou 12 mois au congélateur. Mettre le beurre en petites boulettes, les placer dans une boîte bien fermée si vous désirez les réfrigérer. Pour les congeler, laisser refroidir les boulettes pendant une heure, puis les étendre sur une plaque à biscuits et les congeler, ce qui peut prendre de 3 à 4 heures. Les mettre dans un sac à congélation. Pour les servir, il n'y a qu'à mettre 1 boulette de beurre sur chaque portion.

1 tasse (250 mL) de beurre non salé*

1 c. à thé (5 mL) d'aneth

1/2 c. à thé (2 mL) d'estragon

1/2 c. à thé (2 mL) de sarriette

1/4 de tasse (60 mL) de persil haché

4 oignons verts, hachés fin (le blanc et le vert)

1 c. à thé (5 mL) de coriandre en poudre (facultatif)

1 c. à thé (5 mL) de sel

1/4 de c. à thé (1 mL) de poivre frais moulu

la râpure d'un demi-citron

Mettre le tout en crème, refroidir une heure au réfrigérateur. Former en boulettes et réfrigérer ou congeler, au choix.

* Si vous désirez utiliser un beurre salé, réduisez la quantité de sel de la recette à 1/4 de c. à thé (1 mL).

Sauce verte

Sauce classique et délicieuse pour servir avec toutes les viandes bouillies. On la sert froide sur la viande chaude; en somme, c'est une sorte de vinaigrette. On peut la conserver de 4 à 6 semaines, dans un bocal de verre bien fermé, au réfrigérateur. Pour servir, laisser l'huile se réchauffer de 3 à 4 heures à la température de la pièce.

1 oignon, pelé et râpé

ou

6 oignons verts émincés

3 c. à soupe (50 mL) de persil haché fin

1 c. à soupe (15 mL) de câpres dans le vinaigre

1 gousse d'ail écrasée

1 c. à soupe (15 mL) de chapelure fine

4 à 5 c. à soupe (60 à 75 mL) d'huile à salade

le jus et la râpure d'un citron

sel et poivre au goût

Mettre dans un bol l'oignon râpé ou les oignons verts, le persil, les câpres, la gousse d'ail et la chapelure. Bien mélanger. Ajouter l'huile, le jus et la râpure de citron, en brassant sans arrêt. Saler et poivrer au goût.

Comment réduire une sauce sans farine

On réduit une sauce pour lui donner une saveur plus concentrée et pour l'épaissir.
Faire bouillir la sauce à « High » une minute à la fois, en remuant bien chaque fois, jusqu'à l'obtention de la consistance désirée.

Sauce béarnaise

Une béarnaise est une hollandaise assaisonnée d'estragon et de vinaigre de vin blanc. C'est la sauce parfaite pour accompagner le bifteck grillé.

3 c. à soupe (50 mL) de vinaigre de vin blanc ou de cidre

1 oignon vert haché

1 c. à thé (5 mL) d'estragon

4 grains de poivre moulus

1/3 de tasse (80 mL) de beurre

2 jaunes d'oeufs battus

Mettre le vinaigre, l'oignon et l'estragon dans une mesure de 2 tasses (500 mL). Chauffer à découvert 2 minutes à « High ». Passer au tamis en pressant sur l'oignon et mettre dans un joli plat allant au four à micro-ondes. Ajouter le poivre moulu et le beurre. Faire fondre 1 minute à « High ». Ajouter les jaunes d'oeufs battus. Cuire à découvert 30 secondes à « High », battre et cuire encore 20 secondes, ou jusqu'à l'obtention d'une sauce légère.

Sauce aux raisins pour jambon

Délicieuse servie avec jambon bouilli ou braisé. Se conserve 3 à 4 jours, cuite et réfrigérée.

1/2 tasse (125 mL) de cassonade

2 c. à soupe (30 mL) de fécule de maïs

1 c. à thé (5 mL) de moutarde sèche

2 c. à soupe (30 mL) de vinaigre de cidre

2 c. à soupe (30 mL) de jus de citron

le zeste d'un demi-citron

1½ tasse (375 mL) d'eau

1/3 de tasse (80 mL) de raisins sans pépins

1 c. à soupe (15 mL) de beurre

Bien mélanger les ingrédients dans une mesure de 4 tasses (1 L). Cuire à découvert 3 à 4 minutes à « High », en brassant 2 fois pendant la cuisson. Si nécessaire, continuer de cuire 1 minute à la fois jusqu'à l'obtention d'une sauce légère et crémeuse.

Sauce à la crème sure

Crémeuse, savoureuse et facile à préparer, cette sauce accompagne parfaitement le veau, les volailles et les légumes.

1 tasse (225 mL) de crème sure

1/2 c. à thé (2 mL) de sel

1/2 c. à thé (2 mL) de cari

1/8 de c. à thé (,05 mL) de poivre

1 c. à soupe (15 mL) de jus de citron

le zeste de 1 citron

Mélanger tous les ingrédients dans une mesure de 2 tasses (500 mL). Cuire sans couvrir 2 minutes à « Medium », en remuant 2 fois durant la cuisson. Si nécessaire, cuire une minute de plus.

Sauce sans féculent

Ajouter au fumet dans la casserole ou l'assiette 1/4 de tasse (60 mL) de thé froid ou d'eau froide, de porto ou de vodka, de vermouth blanc, de vin rouge ou de madère sec; remuer avec une cuillère de bois en grattant le fond de la casserole. Cuire 1 minute à « High » et servir.

Beurre d'oignon pour bifteck

J'ai toujours de ce beurre d'oignon dans mon réfrigérateur. J'en mets sur mes biftecks cuits aux micro-ondes, sur les pâtés de viande hachée, sur les saucisses ou sur le poulet. La chaleur de la viande fait fondre le beurre.

4 c. à soupe (60 mL) d'oignon râpé	1/2 c. à thé (2 mL) de sel
4 c. à soupe (60 mL) de persil émincé	1/4 de c. à thé (1 mL) de moutarde sèche
4 c. à soupe (60 mL) de beurre mou	1/2 c. à thé (2 mL) de poivre frais moulu
1 c. à thé (5 mL) de sauce « A1» ou de chutney	

Bien mélanger le tout. Mettre dans un récipient ou former en boulettes; placer sur une plaque à biscuits et congeler sans couvrir, à peu près 1 heure. Lorsqu'elles ont bien durci, les placer dans une boîte de plastique en glissant une feuille de papier ciré entre les rangs. Conserver au réfrigérateur ou au congélateur. Même congelé, le beurre fond sur la viande chaude.

Sauce ravigote

On peut servir cette sauce avec le boeuf rôti ou bouilli, les côtes de porc ou pour réchauffer un reste de viande.

4 oignons verts, hachés (le vert et le blanc)	1 c. à soupe (15 mL) de beurre
3 c. à soupe (50 mL) de vinaigre de vin	1 c. à soupe (15 mL) de farine
1/3 de tasse (80 mL) de persil haché fin	1 jaune d'oeuf
1 c. à soupe (15 mL) d'estragon	sel et poivre au goût
1¼ tasse (300 mL) de bouillon, au choix	

Mettre dans une tasse à mesurer les oignons verts et le vinaigre de vin. Cuire 2 à 3 minutes à « High » ou jusqu'à ce qu'il ne reste plus qu'une cuillerée de vinaigre. Passer au tamis et verser le jus dans le bouillon. Ajouter le persil et l'estragon.

Mettre le beurre et la farine dans un bol. Cuire 1 minute à « High », bien brasser et continuer la cuisson 1 minute à la fois, en brassant à chaque minute jusqu'à ce que la farine soit dorée.

Verser dans le bouillon, bien mélanger et cuire 2 minutes à « High », en brassant après 1 minute de cuisson. Vérifier l'assaisonnement, saler et poivrer la sauce à votre goût. La ravigote est une sauce légèrement épaissie.

On peut en faire une sauce poivrade en remplaçant le poivre moulu par 4 grains de poivre noir concassés et une cuillerée à soupe (15 mL) de cognac ou de vin blanc.

Sauce au vermouth blanc

Une de mes sauces favorites, vite faite, relevant bien rognons et cervelle, parfaite pour réchauffer de minces tranches de desserte de rôti de boeuf ou de veau.

2 c. à soupe (30 mL) d'huile végétale

1 oignon moyen haché fin

1 échalote française hachée fin

1 c. à soupe (15 mL) de farine

2 c. à thé (10 mL) de purée de tomates

1/3 de tasse (80 mL) de vermouth blanc sec

1 tasse (250 mL) de bouillon de boeuf

1 c. à soupe (15 mL) de jus de citron

1/4 de c. à thé (1 mL) de sucre

sel et poivre au goût

Chauffer l'huile végétale dans une mesure de 4 tasses (1 L) pendant 1 minute à « High ». Ajouter l'oignon et l'échalote, bien mélanger et cuire 2 minutes à « High ». Brasser dans ce mélange la farine et la purée de tomates. Bien mélanger, ajouter le vermouth et le bouillon de boeuf. Battre avec un fouet métallique. Cuire 4 minutes à « Medium High » en brassant à mi-cuisson.
Ajouter le jus de citron et le sucre, bien battre et cuire 2 minute à « High ». Saler et poivrer au goût. Servir.
Cette sauce se réchauffe très bien à « Medium High ».

Sauce champignons au vin blanc

Servir avec veau ou porc. Excellente pour arroser un reste de viande coupée en dés ou en tranches minces et il n'y a plus qu'à couvrir et passer 2 minutes à « High » au moment de servir. Accompagner d'un riz pilaf.

1 c. à soupe (15 mL) de beurre

1 tasse (250 mL) comble de champignons tranchés mince

2 échalotes françaises ou 4 oignons verts

1 c. à soupe (15 mL) de fécule de maïs

1/2 tasse (125 mL) de vin blanc sec ou le jus d'un demi-citron

1 c. à soupe (15 mL) de crème

sel et poivre au goût

Fondre le beurre dans une mesure de 4 tasses (1 L) 1 minute à « High ».
Ajouter les champignons lavés et tranchés mince. Nettoyer les échalotes ou les oignons verts et les hacher finement. Ajouter aux champignons en même temps que la fécule de maïs, bien mélanger le tout. Cuire 2 minutes à « High ». Brasser. Ajouter le vin blanc ou le jus de citron, la crème, le sel et le poivre au goût, et cuire encore 2 minutes à « High », en brassant à mi-cuisson. Cette sauce se réchauffe bien : 2 minutes à « Medium » suffisent.

Sauce aux champignons pour timbales

La couleur de cette sauce « à tout faire » de même que sa saveur varient suivant que vous utilisez du madère ou de la sauce de soja. Les deux donnent de bons résultats.

3 c. à soupe (50 mL) de beurre ou de margarine

2 c. à soupe (30 mL) de farine

1 c. à thé (5 mL) de sauce de soja *ou*

1 c. à soupe (15 mL) de madère sec

1/4 de c. à thé (1 mL) de sel

3/4 de tasse (200 mL) de crème légère ou de lait

1 boîte de 4 oz (112 g) de champignons hachés et non égouttés

1/4 de c. à thé (1 mL) d'estragon ou de cari

Mettre le beurre dans un plat de 4 tasses (1 L). Chauffer 1 minute à « High ». Ajouter la farine, la sauce de soja ou le madère au beurre fondu pour obtenir une pâte lisse. Verser la crème ou le lait et remuer. Ajouter le sel, les champignons, l'estragon ou le cari. Cuire à découvert 2 minutes à « High ». Bien remuer. Cuire encore 4 minutes. Bien remuer de nouveau. À ce moment-là, la sauce doit être épaisse et crémeuse. Si elle refroidit avant d'être servie, la remuer et la réchauffer 1 minute à découvert à « High ».

Ma sauce barbecue

Au cours des années, j'ai fait de nombreuses sauces barbecue. Celle-ci demeure ma préférée. Elle peut être utilisée avec le porc, le boeuf, l'agneau ou la volaille. Quand elle a refroidi, la mettre dans un bocal de verre, la couvrir et la réfrigérer.

1/2 tasse (125 mL) de cassonade foncée

1 c. à soupe (15 mL) de fécule de maïs

1 c. à thé (5 mL) de poudre de cari ou de Chili

1 boîte de 7,5 oz (213 mL) de sauce tomate

1/2 tasse (125 mL) de vinaigre de cidre ou de vin

1/2 tasse (125 mL) de sauce Chili ou de ketchup

1/2 tasse (125 mL) de sirop de maïs

1/2 tasse (125 mL) d'eau froide

1/4 de tasse (60 mL) de rhum ou de liqueur d'orange

Dans une grande tasse à mesurer mettre la cassonade, la fécule de maïs, la poudre de cari ou de Chili. Remuer pour mélanger. Ajouter la sauce tomate, le vinaigre, la sauce Chili ou le ketchup, le sirop de maïs et l'eau froide. Remuer pour mélanger. Faire cuire, à découvert, 10 minutes à « High ». Remuer, ajouter le rhum ou la liqueur d'orange. Faire cuire 3 minutes à « Medium ». Remuer. Verser dans un bocal de verre, couvrir et utiliser, ou réfrigérer.

Index

NOTES

NOTES

NOTES

NOTES

NOTES

NOTES

NOTES

NOTES

NOTES

NOTES

NOTES

NOTES

NOTES

NOTES

NOTES

NOTES

NOTES

ACHEVÉ   D'IMPRIMER
EN   JANVIER   1988
SUR LES PRESSES DE
PAYETTE & SIMMS INC.
À SAINT-LAMBERT, P.Q.